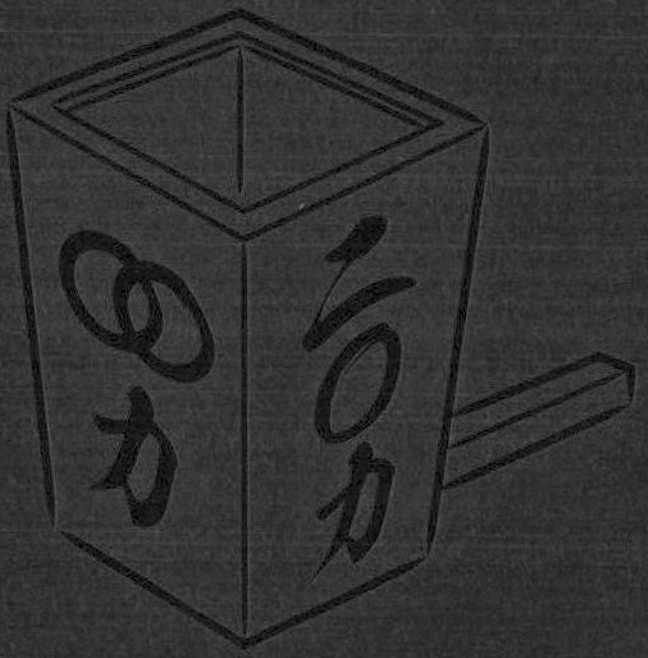

肥後にわか

笑いの来た道

松尾正一
Matsuo Shoichi

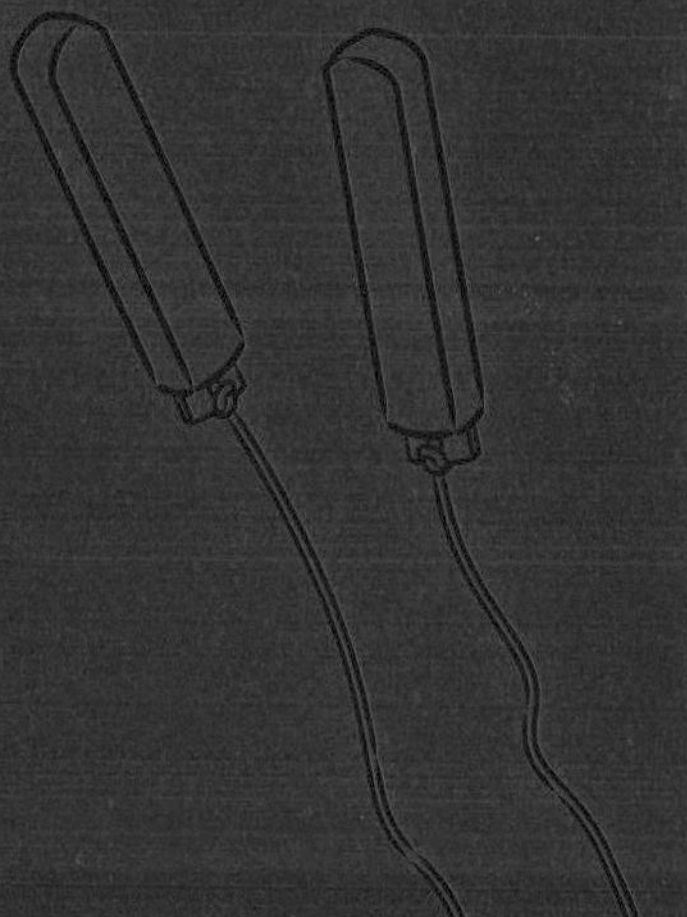

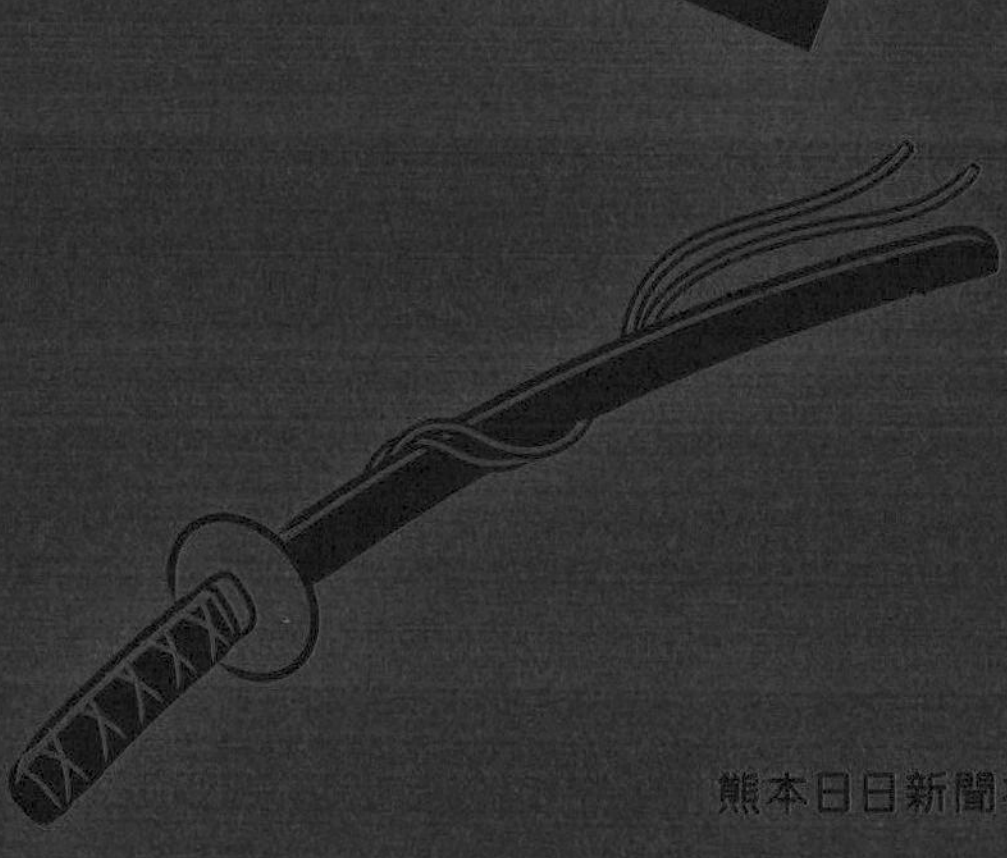

熊本日日新聞社

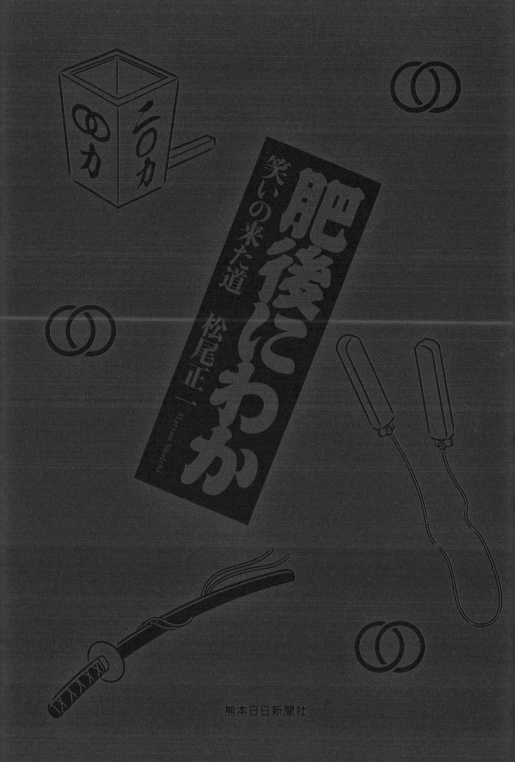

肥後にわか

「キンキラ劇団」の初笑い公演でのひとこま。舞台の途中で客席を回って笑いを振りまくキンキラ陽子（右）と民謡歌手の田中祥子＝平成 30 年 1 月、くまもと森都心プラザホール

「お米ばあさん」として全国区で活躍したばってん荒川

「がね政」役で荒川とのかけ合いが人気だったばってん太郎

「おても」姿で笑いを振りまいたばってんチビ子

前　史

明治初頭の熊本の雨乞い行列の様子を描いた「肥後村々雨乞行列彩色画」から。こうした行列の中でにわかも演じられたと考えられている（熊本大学五高記念館蔵）

熊本市西区の池田地区で江戸後期に行われた雨乞いの様子を描いた「鐘ケ淵の雨乞い絵巻」の一部分。数々の造り物を作り、仮装して踊りながら練り歩く人々の姿が描かれている（熊本市立熊本博物館蔵）

金沢の「盆正月」の行事を再現して明治 24 年に開催された催しを描いた「旧藩祖三百年祭各町催物画」から卯辰町の大にわか（金沢市立玉川図書館所蔵）

「鐘ヶ淵の雨乞い絵巻」から

祭礼・素人

風鎮祭の露店でにぎわう道路に陣取った移動舞台。高森にわかの熱演に待ち構えた観客から笑いが起こった＝平成 30 年 8 月 18 日、高森町

南阿蘇村吉田新町の鎮火祭で披露されたにわか
＝平成 30 年 8 月 23 日、旧白水村役場

さまざまな造り物も風鎮祭の呼び物だ

かつての「網田神社俄祭」でにわかを奉納した宇土・網田の西原青年団メンバー＝昭和 34 年

昭和 44 年、復活した高瀬仁わ加を披露する青年団メンバー＝玉名市

屋外の仮設舞台で演じられた昭和 30 年ごろの伊倉仁〇加「らくだの馬さん」の舞台＝玉名市

プロ

玉名春祭りでのラジオ熊本「お笑い肥後にわかばってん組」の公開録音の様子＝昭和 32 年、玉名文化会館

琴平神社大祭での「ばってん組」の舞台＝熊本市春竹町

母の死を秘めて舞台化粧する蓑田又雄＝昭和 32 年 1 月、大洋文化ホール

初代「おても」として人気だった「キンキラ劇団」のキンキラおても

町を回ってにわかの開催を触れるにわかの一座

浅草の舞台に立った「ばってん劇団」の面々
＝昭和 38 年

にわかの人気を支えた１人「キンキラ劇
団」初代団長のキンキラ健太

発足間もないころの「キンキラ組」（当時）メン
バー。前列の旗の隣が現団長のキンキラ陽子

まげ物を得意とした「森都劇団」３代目団長の森
都三千蔵（右）＝平成２年

「森都劇団」の女性座員たち。手前が森都
房子、後列右から２番目が森都加代子

昭和 30 年代はじめごろと思われる「森都組」（当時）
関係者の写真。後列右から２番目は初代団長の牛島
円朝

令和3年現在も活躍を続ける「肥後にわか」劇団の舞台

森都劇団

往年の舞台から。中央は森都三千蔵、左は加代子

キンキラ劇団

初笑い公演。
左からキンキラ一太、大田黒浩一、キンキラ陽子、黒髪ロマン＝令和２年

劇団きゃあ

左から大田黒浩一、ばってん城次ら若手が集まった＝平成25年、熊本市民会館

劇団肥後仁〇伽

左から森都かおる、ばってん荒川 Jr、ばってんチビ子、れんこ

肥後にわか◎目次

本書は、2018年5月～2020年6月まで熊本日日新聞夕刊に連載された「肥後にわか～笑いの来た道～」をもとに加筆・修正したものです。本文中に掲載されている名称、登場人物の肩書、年齢等は、連載当時のままです。また、本文・年表中の「大坂」「大阪」の表記については、原則として江戸時代までを「大坂」、明治時代以降を「大阪」としています。

熊本が育んだ伝統のお笑い「肥後にわか」は、かねて下火と言われつつも今もしっかと生き残っている。舞台は単なるドタバタに見えなくもないが、気恥ずかしくも、どこか懐かしい独特の世界がある。おそらく、その足元には容易には枯れない〝笑いの水脈〟のようなものが流れているのではないだろうか。歴史をたどりつつ、郷土に花開いた芸能「肥後にわか」の価値を考えてみたい。

肥後にわか

〜笑いの来た道〜

本書に登場するにわかの地元

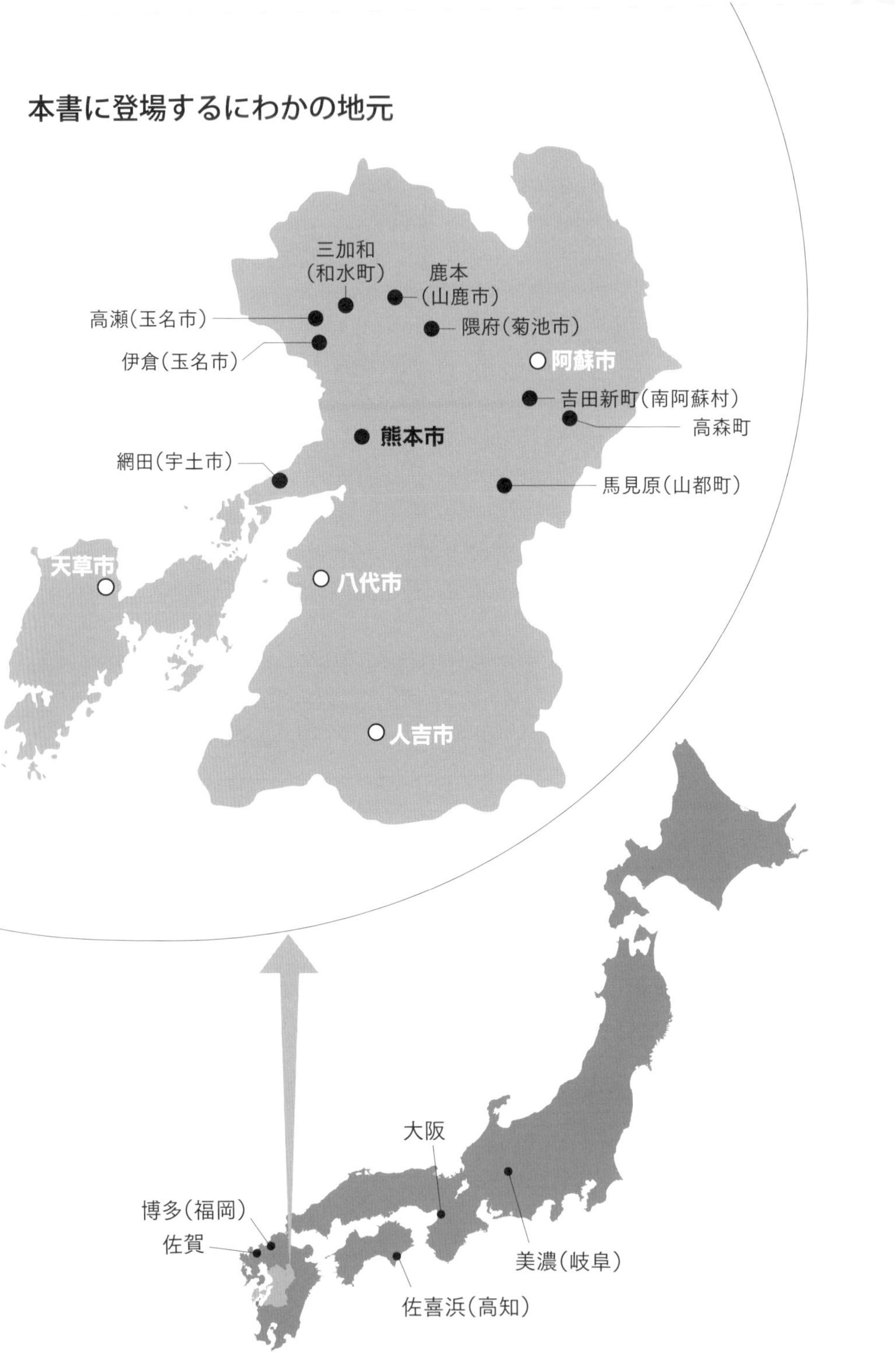

笑いの水脈

熊本弁の掛け合い魅力

おば陽子「あんたはえらい強引に娘ば嫁にしたな」
おい浩一「これから先は良うなるばかりタイ」
陽子「なしてな?」
浩一「押して押してもろうた嫁だけん、〝おしどり夫婦〟に決まっとる」

チョンと拍子木の音が入ると、盛大な拍手が客席を覆った。平成30(2018)年1月、熊本市のくまもと森都心プラザで開かれた肥後にわか「キンキラ劇団」恒例の初笑い公演の幕切れ。シニア層を中心に満席の観客は、いずれもうれしそうな笑顔だった。

「肥後にわか」をご存じだろうか。「ばってん荒川」「おても、彦しゃん」と言っても若い人たちはほとんど知らないかもしれない。しかし、熊本の戦後を生きた世代なら、懐かしい光景を笑顔とともに思い出すはずだ。

〈肥後で生まれた俄《にわか》狂言。庶民の中で自然発生的に生まれたものとみられる。にわかの発生は、明治27～28(1894～95)年の日清戦争以後といわれ、戦勝祝賀会、戦没者慰霊祭の余興や、熊本市の北岡、加藤神社などの祭りには付き物…(中略)モッコス精神を背景とし、独特のわまかし(冷やかし)で、庶民に留飲を下げさせた〉

「熊本県大百科事典」（熊本日日新聞社、１９８２年）でも一項を割いて取り上げている。早い話が、熊本の庶民が、各地の祭りの掛け舞台などで演じてきた熊本弁による笑いの劇のこと。「吉本新喜劇」の熊本版と言えば分かりやすいか。

もっとも、にわかは熊本だけのものではない。福岡の博多にわか、佐賀の佐賀にわかのほか高知の佐喜浜や岐阜の美濃など、今でも全国約20カ所で演じられているといわれ、佐喜浜と美濃は国選択無形民俗文化財にも指定されている。

肥後にわか「キンキラ劇団」の初笑い公演でのひとこま

全国屈指の層の厚さ

ただ、「肥後にわか」がほかと大きく違うのは、にわかを本業と心得るプロ劇団が今（令和３年）でも存続し、庶民の中に確かに生き続けていることだ。かつて隆盛を誇った大阪はもちろん、博多や佐賀も今やプロの姿はほとんど消えた。その意味でも「肥後にわか」は貴重な存在と言えるだろう。

全盛期は、明治半ばから昭和初めまでと戦後の十数年の２度ある。ことに戦後はラジオ番組で毎週にわかの舞台の様子が放送されたことで、娯楽に飢えた庶民の間で人気が再燃。時代にマッチした新しいにわかとして復活した。「おても、彦しゃん」はそのころ人気の役名だ。

ラジオの電波にのった「ばってん劇団」を中心に、さまざまな劇団が各地の祭りや催し物の余興に引っ張りだこになった。そこから「お米《よね》ばあさん」の姿で一世を風《ふう》靡《び》し、テレビや歌、映画で全国的なタレントとしても活躍したばってん荒川という人気者も誕生。劇団は演芸の中心だった東京・浅草の舞台から招かれるほどだった。

様相が変化したのは高度経済成長で社会が大きく変わったころ。テレビが普及、娯楽が多様化し、各地で伝統的な祭りなどが廃れた。にわかが演じられる機会も減り、今や若い世代はその存在すら知らないものになってしまった。

しかし、肥後にわかの灯は消えなかった。南阿蘇の高森などでは伝統の若者にわかが続き、各地に素人劇団もある。解散したプロ劇団もあったが、若い世代の劇団も生まれた。そして、会場を訪ねれば、開演のずっと前からお年寄りたちがずらりと行列をつくる姿も珍しくない。

シニア層根強い人気

シニア層を中心とした、この根強い人気の秘密はなんだろうか。「そうなあ、私たちん言葉で芝居ばすっでしょが。私もあぎゃんしゃべりよっとかなあて見とって楽しか」と言うのは八代の70代のご婦人。「筋はいっちょん覚えとらんバッテン、面白かことば言いよったとはよう覚えとる。懐かしかなあ」と熊本市の80代。「戦前は青年団でもしよった。いっちょしてみしゅうか」と実演までしてくれたのは旧富合町の90代の男性だ。

ただ、芸者や許嫁《いいなずけ》が登場するなど内容の古さは否めないことも。

「お米ばあさん」姿で繰り出す絶妙なアドリブで人気を誇ったばってん荒川は、ラジオ、テレビ、歌、映画と全国で活躍した

筋書きも隣近所を騒がせた事件が最後には丸く収まる〝お定まり〟がほとんどと、ハラハラドキドキの斬新なドラマに慣れた世代にはもの足りないのも当然だろう。

しかし、時にシモネタも交えて熊本弁だからこそ伝わる本音のせりふ回しで笑わせてくれる。客席とのやり取りはお手の物。観客の空気を読み、場に合わせた当意即妙のアドリブの応酬が肥後にわかの真骨頂。映画やドラマはもちろん、いわゆる「演劇」ともどこか違う空気が、確かにそこには流れている。

しかも、日本の芸能の歴史をたどると、その存在の意外な大きさが見えてくる。にわかの源流は、はるか平安時代の祭りで、庶民が異相の姿で踊り狂うなどした「風流《ふりゅう》」という芸能にまでさかのぼることができるという。

そして「（にわかは）演劇のもっとも本質的な、もしくは初原的な要素だと言っていい」（歌舞伎研究で知られる故郡司正勝早稲田大名誉教授）とみなされ、歌舞伎の基になったとも指摘されているのだ。

そんな血筋の芸能が、熊本ではまだ消えずに、プロの劇団を構えるほどに残されている。脈々と受け継がれてきた熊本の庶民の笑いの伝統—。そう考えれば、とても〝単なるお笑い〟と放ってはおけない、ありがたいものにさえ見えてはこないだろうか。

八代市の日奈久港まつりに登場した「ばってん組」＝昭和32年

◆現在も活動中の肥後にわかプロ劇団

森都劇団

明治の運船組の流れをくむ最古の劇団。今は4代目森都加代子団長。

キンキラ劇団

ばってん劇団出身のキンキラ健太と初代おてもの夫婦が１９５６年に結成。今は娘陽子が2代目団長。

劇団きゃあ

ばってん荒川に師事した大田黒浩一と、ばってん劇団出身のばってん城次が１９９４年に結成し、若手で公演。

劇団肥後仁〇伽

森都劇団出身の森都かおるがばってんチビ子、ばってん城次らを迎えて各地で公演している。

このほか、ばってん城次、キンキラ一太らがお祭りなどで個別に活動している。

◆若者の肥後にわか認知度16％

２０１８年4月、熊本県立大生１１４人に「肥後にわか」について簡単なアンケート調査をした。その結果「知っている」は18人（16％）、「舞台を見たことがある」は1人だった。半数が県外出身という点を考慮しても認知度が高いとは言えない。ただ「吉本新喜劇の熊本版のようなもの」と紹介した上で尋ねると「舞台を見てみたい」46人（40％）、「動画を見てみたい」34人（29％）と、まったく関心がないわけではなさそうだ。

◆専門ブログ＝なんさま「肥後にわか」

２０１６年の熊本日日新聞「私を語る　キンキラ陽子」掲載を機に設けた「肥後にわか」専門のブログ。由来、舞台写真、舞台動画、公演スケジュール、にわか関連話題などを随時掲載している。アドレス　https://niwaka2.blogspot.com/

招魂祭の花形

市中を巡った「俄踊り」

肥後にわかは明治の半ば、戦没者を慰霊する「招魂祭《しょうこんさい》」に欠かせぬ余興として生まれたとされる。しかし、明治期の熊本の新聞に「肥後にわか」の文字は見当たらない。目につくのは「俄踊《にわか》り」ばかり。どういうことだろうか。

〈本年の俄踊りは最も景気よく届出での者殆《ほと》んど百二組の多きに達したる由なる（中略）千態万様の趣向を凝らせる俄踊りの中には艶麗花を欺く少女の一組あればむしゃくしゃの鬚《ひげ》男が滑達の妙舞に頤《あご》を解かしむるあり或《あるい》は年増の若作りせる武士姿をなせるその外いろいろの異相を為し…〉

明治32（1899）年5月7日の九州日日新聞が伝える熊本招魂祭の一幕だ。町内から繰り出した一行は太鼓、三味線のお囃子《はやし》にのり、屋台をひいて市中を踊り歩く。かわいい少女もいれば、珍妙な格好の滑稽踊りも入り混じった〝ごった煮〟の集団。これが俄踊りの正体らしい。

仮装行列から芝居へ

明治16年8月の紫溟《しめい》新報に、雨乞《あまご》いの俄踊りの姿が紹介されている。それによると、飽託郡の各村落が連合大雨乞いをした際、〈男は女の姿となり女は男の形ちと変じ実に抱腹絶倒に堪へざることゝもなりしが該《その》人民は聊《いささ》かも之を恥とせず殊更に当市中へ迂回して往復し其行装をこれ見よがしに鼻ヒコツカセ練り行し…〉とある。こうした仮装の行列は、家などを建てるため大人数で地固めをする地突きの現場などでも見られたようだ。

招魂祭は、その俄踊り最大の舞台だった。庶民自らが祭りに奉納する余興として、券番のきれいどころや役者などの連とともに各町から競うように繰り出した。やがて、面白おかしく歌う「俄の唄」も登場。滑稽な踊りに唄の文句が加われば、〝芝居もどき〟に変じるのも時間の問題か。踊りから「狂言づくし」に発展した歌舞伎と同じ道をたどったことは想像に難くない。

招魂祭のにぎわいを伝える明治23年５月６日付の熊本新聞の挿絵。相撲見物に押し寄せた観客の向こうには、礼服を身に着けた軍人たちが幕で飾られた舞台の上から眺めているのが見える

各町内の芸達者が腕を競ううちに半プロも誕生する。劇場には、熊本より早くにわかが流行した博多や大阪の一行が次々と訪れた。明治36年5月9日の九州日日新聞が〈近年は博多俄の按排《あんばい》が加わったので一段の進歩をしたのは面白し〉と言うように、先進地の影響を受けて熊本の俄踊りも力を付けたに違いない。

にわかの芸題も「明十橋舌切雀」と地元色濃いものから「電話の恋」「革命軍の袁の退位」と当世風まで多彩。歌舞伎もじりが中心だった大阪俄と違い、同時代の世相を反映した「現代劇」「地元劇」中心と言えようか。やがて先達の向こうを張って「熊本二輪加《にわか》」という名が紙面に見えるのは、わまかし（冷やかし）精神で熊本弁による風刺を効かせた芸の独自性に自信を持つようになったあらわれだろう。

30カ所を超える舞台

「〝たたんか、たたんか、すわらんか〟て歌いながら券番のオナゴん人たちのうったって（着飾って）回って来るとですよ。子ども心に浮かれよったですね」と話すのは、熊本市広町の老舗商店で育った筑紫汎三さん（90）だ。幼かった戦前、招魂祭の日に回って来る踊りの一行に母親がお花（祝儀）を渡す姿を覚えている。「中でも、にわかが一番楽しみ。人もいっぱい集まった。中身は覚えてないが、よう笑いました」

筑紫少年が体験した熊本招魂祭は明治初期から昭和の太平洋戦争終戦まで、毎年4月か5月の2日間にわたって開かれ、藤崎宮大祭と並ぶ県内最大のお祭りとして多くの人を集めた。

〈俄踊りは孰《いず》れも午前十一時前後より前日に異ならずドヾンチン、チンの調子面白く市中を練り廻はり各所に設けたる踊り舞台に於て得意の演技をなしたるが何《いず》れも趣向頗《すこぶ》る上手に面白く出来居たるが午後六時過ぎにいたりては一天濃雲のたなびき亘り雨さへポツポツ降り初めたる（略）〉（明治31年5月9日、九州日日新聞）

祭り当日は役所も学校も企業も休み。余興の場となった山崎練兵場や藤崎台では見世物小屋が並び、競馬や相撲、自転車競争などが繰り広げられた。熊本市の町中が造り物や花飾りで飾り立てられ、繰り出した俄踊りの一行は街角の踊り舞台（仮設）に立つ。彼らが集める人の波は商店街には格好の客寄せ。舞台は30カ所を超え、祭り全体で8万円を売り上げた年もあったという。雨が降るのも招魂祭の恒例だったらしい。

熊本新聞を訪れたにわかの一行を描いた図。頭上にいろんな“商品”を乗せ、荷車の造り物の中で歩く姿が、なんとも笑わせる（明治35年5月10日付紙面）

隆盛誇った大衆芸能

明治維新、西南戦争と世の中を大きく揺るがせた大変動が続き、やがて「近代」の様相を整えていく時代。庶民の苦難も少なくなかったはずだが、一方で大衆芸能が隆盛を誇った時代ともいわれる。

熊本の中心街近くにあって白川をまたぐ長六橋。その下流右岸にあった下河原には芝居小屋が立ち、人形芝居や娘浄瑠璃、のぞきからくりなど多くの見世物小屋が競い合った。

市中の大劇場には東京、大阪から有名な歌舞伎一座が訪れ、地元にも劇団や人気歌舞伎役者がいた。庶民の中には歌舞伎や浄瑠璃などに足を運ぶ一方、見るだけでは飽き足らず自ら興じることもまれではなかった。かたわらには花街で芸を磨いた芸者たちが「町のお師匠さん」として存在していた。

明治・大正のにわかに関する新聞記事を拾い出して解説を加えた研究書「熊本の俄とつくり物」をまとめ、同時期の大衆芸能にも詳しい安田宗生熊本大名誉教授（73）は「中でも、にわかは一番親しみやすい芸能だろう」と言う。「上達に他の芸ほど習練を必要とせず、見物客もそれほど高度な芸は求めない。それでいながらセンスを武器に、地元の人間にしか分からない言葉と話題で笑わせ、庶民のうっぷんを晴らした」

こうして、路上の仮装行列が、祭礼に際して庶民が奉納する余興の花形へと生まれ変わっていったのだろう。

ちなみに、熊本のにわかが「肥後にわか」と呼ばれるようになるのはずっと後年、昭和も戦後のことのようだ。

◆**にわかの名の由来**

「上方演芸辞典」（前田勇）によると、「にわか」の名は（1）庭神楽の略（2）堺の俄師二羽屋嘉平次の「二羽」と「嘉」から（3）京都島原の輪違屋の屋号から、など諸説あるというが、同書は「芸能の始原と語源を混同している」といずれも退ける。古今俄選は〈俄といふ言葉は物に当て思案工夫もなく、思いよらざる事に卒忽とつかつかひょこひょこいい出し仕る事を俄とはいふなんめり〉と記している。やはり即興的な意味の「俄に」という言葉から生まれたのだろう。

◆**熊本県の遊芸興行・劇場取締規則等布達（明治7年）**

5条で遊芸の種類が「俳優」「操り人形遣」「昔噺《むかしばなし》」「軍談」「囃《はやし》物真偽」「諸講釈師」「軽業師《かるわざし》」「手品」「力持」「足芸」「独楽廻《こままわし》」「義太夫」「新内」「諸浄瑠璃」「琵琶」「小唄」の16に分類されている。「にわか」はどこにも見えないことからも、明治初めの熊本のにわかは芸能ではなく、余興としかみられていなかったと言えそうだ。

◆**熊本招魂祭の踊り舞台仮設場所（大正13年4月、九州日日新聞）**

京町二丁目角竹屋旅館前、上熊本駅前、鋤身崎広場、九品寺尚絅校前、春竹駅前田村運送向側、向町長六橋広場、新市街紀念碑前、琴平神社大鳥居前、下河原公園地蔵堂前、二本木東雲町梅屋敷、熊本駅前、坪井米屋町吉井薬店前、上通町十八銀行前、同三有田屋向側、同五教会堂の前、同九日新聞社前、手取本町中央理髪館前、下通町二石坂帽子店前、同三大神宮前、紺屋今町熊本電気会社前、安巳橋通白水旅館、同願正寺前、古川町福本方前、同古庄倉庫前、上鍛冶屋町楠原方前、同農工銀行前、鍛冶屋町共栄銀行前、同小寺金物店前、中唐人町第一銀行前、同肥後運輸会社前、水道町加地病院向側、立田口久野材木店前、新町三丁目藤井病院前、本庄堀切通り松下方庭、二本木一日本店向側

幻の名人・運船利平

素晴らしい機知、通る声

〈運船《うんせん》のあの福よかな顔、素晴らしい機知、そして場内の隅々まで通った声で舞台の中央にやおら現れると、あいさつに運船お得意の地元の各商店名などを織り込んだオッペケペ形式で綴《つづ》った文句をすらすらと披露して、やんやの喝采を博したものでした…〉

昭和52（1977）年7月、山鹿市の男性が「運船組の思い出」と題して熊本日日新聞（以下「熊日」）に寄せた手紙の一節だ。肥後にわか「運船組」は明治半ばから昭和16年ごろまでの約40年間、毎年欠かさず同市来民《くたみ》の招魂祭にやってきて、強烈な印象を刻み込んだようだ。

利幸商《りこうしょう》、マチャン、山口善五郎…。明治のにわかに名を残す人物の中でも、熊本の名人巨匠を集めた「熊本名匠伝」（豊福一喜、昭和36年）をして、「にわかといえば運船、運船といえばにわか」と言わしめたのが運船組を率いた運船利平《りへい》だ。

出世作「新兵教育」

明治10年、熊本市の小島生まれとされ、運船は本名。父祖は市中との河川通運盛んなころ高橋で回船問屋を営み、芸事にも熱心だったという。やがて熊本市坪井米屋町（現在の並木坂「天野屋書店」南側）に構えた店舗で学生帽製造を営むようになる。と言っても店は家人に任せて、本人はにわか一筋。そんな彼の出世作がマチャンと組んだ「新兵教育」だ。

〈運船の古参軍曹にマチャンが田舎出身の新兵という配役で、軍曹が「気をつけ」と言えば銃剣を構えて立ち木に突進、「駆け足」と命ずるとドタバタと軍曹を追っかけ、足をからめてこまらせるところから、さじを投げた軍曹が「小官について来い」と言えばその背中をこづき回し…〉（米村共司「熊本芸能界物語」、昭和51年）

昭和13年、中国戦線を慰問した「運船組」の一行を撮った貴重な写真。運船は右から５人目

文字にすればたわいなくも思えるが、ひらめきあふれる舞台に観客は拍手喝采《かっさい》。明治28年の日清戦勝にわく国民感情にものって運船の名は大いに高まったという。

わまかし（冷やかし）をきかせた熊本弁、笑いをかみ殺したような顔、そしてキンキン響く金切り声、粘るように一語一語を区切った口調が特徴だったという運船の舞台。幸いなことに、レコードに吹き込んだ「国際二〇加角力《すもう》」と、テンポ良く県内の名所名物を歌い込んだオッペケペー節の音声が今に残されている。

〈熊本新興博覧会　県下の名産、言おうなら　山鹿灯籠にしぶうちわ　関のソーメン、菊池ノリ　高瀬酢、しもむら大ソテツ　木の葉猿には隈府すみ　河内みかんに長洲えび　松尾カライモ、干し大根　高橋名代は稲荷さん　川尻名物、桶《おけ》たらい　木山たけのこ、甲佐アユ（中略）これも名産オッペケペー　オッペケペーのペッポッポ、ペッポッポ〉

舞台を離れると、人前で話すことも嫌ったモッコス気性だったという運船。その相手役を長年勤め、最も身近な存在だった人物が後に森都組をつくる福島喜一郎だ。

昭和52年7月連載の熊日「肥後にわか伝」で、マチャン組の花田竹次、二本木組の戸沢政喜とともに往年のにわかの思い出を語っている。それによると、戦前のにわかに台本などなく、運船が思い付いた内容を福島に語って聞かせ、やりとりするうちに出来上がっていったという。

持ちネタは、運船演じる銅像がお供えのまんじゅうをせしめたりして笑わせたという「西郷銅像」や「二人羽織」「魚屋藤助」「角力ほめ」など200以上もあったとか。先達の大阪俄《にわか》は歌舞伎パロディーが中心だったというが、熊本は当時の世相を織り込んだ「現代劇」として脚光を浴びたと言えそうだ。

29日拘留「広町事件」

それも滑稽ものだけでなく、外来文化をありがたがる世相を揶揄《やゆ》したり、風刺をきかせて県政を批判して「そのものずばり」の表現で喝采を呼んだという。そんな人気は、時に見物人を巻き込んだ大騒動に発展することもあったようだ。

熊本芸能界物語は「広町事件」を紹介している。大正9年か10年ごろ、雨で招魂祭の余興が中止とされた後もにわかを続けた運船組に某巡査が中止を命じて運船と口論に。集まった五高生らの群集が巡査を袋だたきにしたあげく、逃げ込んだ警察署のガラスを破損させるなどの騒動に発展、運船らは拘留29日の処分を受けたという。

こんな武勇伝も交えながらにわかは招魂祭に欠かせない存在となった。

明治40年5月4日付の九州日日新聞の運船組の写真。右から車夫・森川、お客・高瀬、芸妓《げいこ》・井上、紳士・運船、洋妾・吉本、旦那・魚住の各氏

運船を支えた福島喜一郎。運船の死後に結成した森都組で戦前のにわかの伝統を伝えた

大正末には運船組を二手に分けて市内を回るほどの人気だったという。

しかし昭和に入ると様相が変わる。運船は皇軍慰問に大陸へ３度渡っている。昭和15年、熊本市花畑町に設けられた皇紀２６００年を祝う舞台で「軍事仁和加」を披露する写真も残されている。庶民に笑いを振りまいたにわかも、強まる戦時色の中、「戦意高揚」のための道具となっていったようだ。

そんな昭和17年1月、運船は世を去る。67歳。「運船組は一代限り」という遺言を残し、「運船組」の名も消えた。モッコスらしい最後と言えようか。しかし、福島は「そんな遺言はなかった」とも語っている。果たして真相はどうだったのか。

その運船が昭和52年、「幻のにわか師」として久しぶりに熊日の紙面をにぎわせている。

取り上げたのは「詩と真実」同人の大畑瑠璃さん。彼女は運船の人とにわかを紹介し、一家離散したという野墓を訪ねる。一族の石碑はあった。しかし、運船の墓はなく、にわか関係者による真新しい卒塔婆しかなかった、と寂しげに記した。

平成30（２０１８）年春、「済々黌の裏」という記述を頼りに墓を訪ね歩いた。「にわかの人のお墓があったと先代に聞いた」。ようやく探し当てた元管理人が教えてくれた荒れた野墓の一角に、朽ちた木柱を見つけた。しかし、文字の跡も一族の石碑も見当たらない。亡くなって76年。「幻の

昭和52年、運船利平墓前祭でお参りする肥後にわか関係者＝熊本市黒髪

にわか師」は、もはや、その痕跡すら見せてはくれなかった。

◆戦前のにわか組

「熊本県大百科事典」は、戦前のにわか組として運船より先輩になる吉川林蔵（利幸商）の「利幸商組」、同じくライバル岡田亦吉（マチャン）の「マチャン組」、運船組から分かれた「沢田組」、山口善五郎といとこ戸沢政喜の「二本木組」、吉村某の「えびす組」、本荘の「勘太郎組」などの名を挙げている。利幸商は日清戦争の清国全権公使・李鴻章のもじり。紙箱製造業を営み、李と同じく右目が義眼だった。運船の好敵手で、新聞にも「利幸商は軽妙を以て勝ち運船組は滑稽を以て優ると云わん」と紹介されている。

◆運船組のにわかとオッペケペーの音源

運船は戦前、にわかとオッペケペー節をレコードに録音したことがあり、その時の貴重な音源をＲＫＫ熊本放送から提供いただいた。スマートフォンで上記のＱＲコードを読み取ると聞くことができる。

パソコンでは https://niwaka2.blogspot.com/2018/07/blog-post.html

◆運船にわかの音源は昭和10年発売のＳＰ

大衆芸能研究家岡田則夫さんの協力で、「国際二〇加角力」と「オッペケペー節」の音源は昭和10年4月か5月にニットーレコードから発売されたＳＰだと分かった。また、別に「熊本狐」というにわかもレコード化されているようだ。これらのＳＰは当時開催されていた新興熊本大博覧会絡みで製作されたともみられている。

ラジオの電波に乗って

戦後の復活

明治以来、祭りの花形として人気を誇った熊本のにわかは昭和10年代末、高まる戦火の中で姿を消す。しかし、戦後の〝にわか復活〟の芽は、その戦争の中で生まれた。

戦後、熊本のにわかの中心に立ったのは新たに結成された「ばってん組（後に劇団）」だ。創設者は蓑田又雄。ぼけ役の「彦しゃん」で人気を呼び、肥後にわか全体の世話役的存在になった。

原点は、戦時中のフィリピン・スンバ島。内地からの慰問も途絶えた戦地で、兵士慰労のために開かれた大隊の演芸大会で初めて演じた舞台にさかのぼる。

私が担当した昭和60（1985）年の熊日連載「この人この道」で、蓑田は「子どものころ新市街で見た芝居を熊本弁のにわかに仕立て直して上演し、兵隊たちに大いに受けた」と語っていた。

「ばってん組」誕生

終戦後に収容されたレンパン島でも蓑田は上官の誘いで演芸隊を組織。謄写版のインクで麻を染めてカツラを作るなど苦労しながら「笑い」の世界にのめり込んでいった。

とはいえ元は水アメ職人。にわかで生きようとは思っていなかったという。ただ、熊本に引き揚げた昭和21年は戦後の職業難の真っただ中。「あの笑いをもう一度」と戦友をくどき、舞台のまねごとを始めることになる。

昭和37年３月の佐敷諏訪神社大祭での肥後にわかの舞台＝芦北町

しかし、事はうまくは運ばない。１人、２人と仲間が去る中、転機になったのが戦地の縁だった。元上官だった熊日の上農謹一郎事業部長から「『熊日にわか』としてやってみらんか」と誘いがかかる。にわか劇団「ばってん組」の誕生は、この時、昭和23年４月のことと言っていいだろう。

平成30（２０１８）年に亡くなった熊本放送名誉顧問の小堀富夫さんが生前、熊日社員時代に接したにわかの事情を語ってくれた。

「戦後、紙の統制（国家による使用制限）が緩やかになり新聞社同士の販売競争が始まるんです。熊日は新聞拡張と読者慰安のためににわかを仕立てて県内を回った。新人だった私は、社で作ったにわかの本を売る係でした」

折から昭和24年４月、熊本市の「火の国まつり」が始まる。市内各所に舞台を設け、戦前の招魂祭をほうふつとさせる祭りに、熊日は読者から募集した台本によるにわか競演会を企画した。

こうして蓑田は再出発した。しかし、催しが常時あるわけではない。自然解散状態になりかけたころ、今度は開局間近のラジオ熊本（現ＲＫＫ熊本放送）から声がかかる。昭和28年のことだ。

当時の吉村一郎編成局長が雑誌「日本談義」（昭和36年5月号）に書き残している。

昭和53年ごろの蓑田又雄

〈（にわかを追いかけた）こどものころの思い出が、ふと番組の中に肥後にわかを出してみたらという思いつきのきっかけとなり…（熊日在籍中に見た「ばってん組」が）なかなか面白かったので、少し冒険だが、ラジオの放送にはこの素人にわかを使ってみようと考えた〉

ばってん組採用が決まる前に、局専属の座をめぐって4団体による競演会が行われている。相手は、戦前からの伝統を持つ「森都《しんと》組」はじめ、「おても組」「高瀬組」といったベテラン勢。技量ではかなわなかったはずだ。

その中で勝ち残ったのは素人の使いやすさ故か、従来と違うテンポの良さが受けたのか、それとも時代に合った内容が共感を呼んだのか。演じたのは蓑田が戦争中に作った「かか比べ」という作品だ。

〈戦争から帰ったらきれいなお嫁さんをもらって、十年後のこの日に母ちゃん連れで集まり〝べっぴん比べ〟をしようじゃないか。集まったのは、そろいもそろって亭主には不似合いの連れ合い。しかし、それは町の芸者さんなどの借り物ばかりだった〉（昭和47年熊日「私の30年」）。笑いの中に戦後の光景が見えるような話ではないか。

各地で公開録音

ラジオ熊本は昭和28年10月1日に開局。当時の新聞ラジオ欄を見ると、翌2日午後9時半に「肥後にわか　ばってん組」の名が見える。早くも3日午後7時15分から週1回の15分番組「新作肥後にわか　ばってん組」がスタート。やがて30分に拡大し、県内一円に笑いを振りまいていく。

「放送では主にキー局発のテープを流しますが、番組と番組の間を埋めるのにどうしてもローカル番組が必要。その時にわかが大変役に立ったんです」と、開局時にラジオ熊本に転じた小堀さん。

新聞からラジオへ――。新生にわか劇団は、紙から電波に乗り換えて再び走りだす。ただ、持ちネタわずか数本。ずいぶん思い切った話に見える。しかし、同年6月の熊本大水害でスタジオ建設も間に合わない中開局した放送局には、草創期特有の自由な活気があふれていたのだろう。

「各地で公開録音をしましたが、車なんかない。局から技術が2人、アナウンサーが2人、にわかの連中もいっしょになってバスや汽車でマイクスタンドや放送機材を運びました。会場の小学校の講堂なんかでは音が出れば幸いといった感じでした」と話すのは、元熊本放送アナウンサーの由宇照也さん（90）。

蓑田も新聞で「（公開録音後の）晩なドンチャン騒ぎ。衣装ば持ち出して放送局の連中ばだまくらかしたり、ワーワーやりよったですタイ」と楽しそうに振り返っている。

当初、戦友8人だった「ばってん組」も戦争組は蓑田1人に。新たに座員を募った。

果物屋だった幼なじみの西村良吉は「がね政」役で顔を売るようになる。滑稽踊りがうけてスカウトされた有水定子は「おても」として人気に。後に有水とともに「キンキラ組」を結成する大工の高士健次郎も参加。やがて「お米《よね》ばあさん」で大活躍する米嵜《よねざき》一馬《かずま》が18歳で入団するなど、陣容が固まっていく。

こうして祭りの花形だったにわかは戦後、ラジオの電波に乗って、新しいにわかとして復活した。そして、その名もいつの間にか「熊本にわか」から「肥後にわか」に変わり、定着していく。

「熊日にわか」の旗を囲んで並ぶ「ばってん組」の面々。手前の和服の男性の後方が蓑田団長。昭和30年代初めのころか

運船の墓があった場所で、墓の痕跡を探す木村さん

◆戦後に生まれた「肥後にわか」の呼称

熊本のにわかは戦前の新聞では「熊本仁〇加」などと書かれ、「肥後にわか」と表記されたのは戦後も昭和24年1月の熊日新年文芸欄が初めてと思われる。同年4月の「火の国まつり」でも使われたが、翌年の同欄ではなぜか「熊本にわか」に逆戻り。定着するのはラジオ熊本が番組名に使った昭和28年以降のようだ。熊日の文芸欄では「肥後狂句」も掲載され、熊本を代表するものには「肥後六花」など「肥後」の冠が付くものが多い。呼称の変更は、にわかも同様に「熊本の代表」ととらえられるようになったあらわれだろうか。少なくとも、戦前とは違う「新しいにわか」を示す呼称として広く受け入れられていったのだろう。

◆不明だった運船の墓所が判明

前回「見つけられなかった」と書いた運船利平の墓について、熊本市の木村茂さん（89）から「昔見たことがある」と電話をいただいた。さっそく訪ねると、予想した所と違って無縁仏となった墓石が数体、草に覆われて放置された場所だった。「道から見えるところに『運船利平の墓』て木の墓標に書いてあった」と木村さん。にわか関係者が初めて墓標を立ててから半世紀以上。木の墓標は朽ち果ててしまったのだろう。やはり痕跡は見つからなかった。

◆もう1人の「熊日にわか」創設者

「熊日にわか」創設者の妻という人からの手紙が熊日ＯＢの手元に残されていた。今から40年ほど前のもの。戦友の蓑田氏が夫を誘いに来たこと、職もない中で話に乗ったこと、なけなしの金で道具をそろえたこと、夫は泥棒の役が多かったこと、苦労の中で離婚したがまた戻ったこと、その夫が昭和27年に他界したこと…。劇団が大きく花開く前に世を去った夫をふびんに思うとともに劇団の今後にエールを贈る内容だった。肥後にわかの歴史にも、そんな多くの「縁の下」の存在があったのに違いない。

東京進出

浅草に熊本弁の花が咲く

熊本のにわかは戦後、ラジオ電波に乗って復活した。中心に立ったのは蓑田又雄率いる「ばってん組（後に劇団）」。その人気ぶりは、今では想像できないほどだ。

「公開録音はいつも超満員」「にわかの視聴率はいつも最高」「（放送を）止めようと思っても一般の視聴者が止めさせない」「どこでもお客さんが涙をこぼし口一杯開けて笑っている」…。

景気のいい言葉が並ぶのは熊本放送のＰＲ紙「ＲＫＫ便り」の昭和36（１９６１）年9月号。毎週のラジオ番組「お笑い肥後にわか」の３００回達成を記念した関係者座談会に大きく紙面を割いている。

人気は番組にとどまらず、放送で知ったメンバーを一目見ようとあちこちからお呼びがかかる。農協や青年団、町内会などの余興に月に30回以上、１日３回舞台に立ったこともあったとか。

「抜点組《ばってん》」というにせものまで出現。ばってん荒川演じるお米ばあさんに〝後添え〟の申し込みがあったなど、エピソードにも事欠かない様子だった。

「森都」「キンキラ」

戦後に活躍したにわか劇団は「ばってん組」だけではない。戦前の名人・運船利平《うんせんりへい》の流れをくむ「森都《しんと》組」がいち早く21年に活動を再開。蓑田らの向こうを張ってＮＨＫラジオで活躍していたという。（ばってん荒川・熊日「芸ひとすじ」、平成８年）

「森都組」といえば「出掛けた先で、はち合わせないかとびくびくしていた」と蓑田が語るほどの存在。運船譲りのゆったりとした口調で昔ながらのにわかを披露し、根強い人気を誇っていたようだ。

その戦前の台本が東京の早稲田大学演劇博物館に保管されていることが分かった。初代団長牛島円朝、二代目福島喜一による「二人羽織」「洋行戻り」「宝くじ」…。初めて目にした四代目の森都加代子（78）＝鎌田カヨ子＝は「昔からしよったつですねえ」と感慨深げだった。

昭和38年の「ばってん劇団」の浅草公演を好意的に大きく扱った在京新聞各紙。右は日本経済新聞（5月26日付）、左上は読売新聞（５月１日付）、左下は東京中日新聞（同５月７日付）

また、「ばってん組」から飛び出した初代おても（有水定子）と健太（高士健次郎）が昭和31年に「キンキラ組」を結成して活動を始めている。有水は蓑田と共に「ばってん組」のテンポのいいにわかをつくったと自負するだけに、時代に合った新しさが持ち味。昔からのにわかや漫才経験者などを加え、県内はもちろん、九州各地の祭りなどを精力的に回った。

その中で有水の娘陽子が12歳で初舞台を踏み、〝母娘二代の女にわか師〟として一翼を担う。青年団や消防団が競って開いた「花興行」などに呼ばれて忙しく過ごしたという（キンキラ陽子・熊日「わたしを語る」、平成28年）。

こうしたにわか人気の背景にあったのは娯楽に

乏しい〝戦後〟という時代と、ラジオという新しいメディアの威力だろうか。

その先頭に立ったのが「ばってん組」だ。昭和28年に始まった毎週のラジオ放送に加え、34年からは月1回のテレビ放送も加わり、各地から引っ張りだこだった。

人気がピークに達したのは38年5月のこと。一行10人が熊本を飛び出し、日本の演芸の中心といえる東京・浅草に乗り込んで松竹演芸場の大舞台に立った。それも、大宮敏充が主宰し、全国的な人気を誇る「デン助劇団」と並んで、堂々20日間の公演に臨んでみせたのだ。

鈴本演芸場（東京）の支配人の紹介で実現したと蓑田は語っている。そのころには博多にわかの博多淡海や佐賀にわかの筑紫美主子も上京して成功していた。蓑田は「いつかオレたちも」という思いで見ていたという。

得意演目で勝負

演芸場は昼夜2回公演。東京ぼん太、Wけんじ、牧伸二といった当時の一流芸人による漫才や落語、コントなどの後に肥後にわか、デン助劇団と続く。この時、劇団名も今風に「ばってん劇団」と変え、得意の演目「リバイバル結婚」で勝負した。

熊本市でダンス教室をしているせがれ夫婦の元へやって来たおやじ（がね政）が、ばあさんとなっていた初恋の人（お米）に巡り合い、50年の時を経て結ばれるという筋書きだ。

「（舞台に）出る瞬間まで足ガタガタ、目真っ黒だったですタイ」

ばってん劇団浅草公演の舞台

いく。

と蓑田が語ったように、当初は不安もあったようだ。しかし、動きで笑わせる工夫をして、客席を沸かせていく。

これを見て〈客席もごく自然に笑いのムードにまきこまれている。中でもダンスを習いに来たモダンばあさんが若い教師とツイストを踊るシーンやジイさんとバアさんの巡り合いなどが傑作で場内をわきにわかしている〉と書いたのは東京中日新聞だ。

日本経済新聞も〈『ばってん劇団』上京す〉の大見出しで特集を組み、〈加東大介の『南の島に雪が降る』の熊本版〉などと、戦地の演芸会に始まる劇団の成り立ちから紹介するなど、在京各紙はこぞって好意的に取り上げた。

ばってんチビ子こと松川節子(77)は、当時のことを肌で覚えている。

「最初はお客も少なかったけど、だんだん増えて熊本弁でも笑うてもらいました。座員はずっと劇場地下の楽屋で寝泊まり。途中で浅香光代さんの剣劇芝居を見に行ったり。当時を知ってるのも、今じゃ私一人でしょかね」

演芸場の支配人は「新鮮味が薄れつつある東京の喜劇人にはない味を持っている」と好評価。劇団は週刊誌の演芸欄でも紹介され、楽屋には激励電報や陣中見舞いが次々と並んだ。「RKK便り」(昭和38年6月)は、そんな様子を「花のお江戸で大成功」の見出しで紹介している。

上京劇の最後には、TBSの連続ドラマ「花は桜子」に特別出演して森光子と共演するというおまけまでつき、帰熊した一行は熊本駅で軍艦マーチの歓迎を受けたという。

戦後の肥後にわかは、こうした華やぎを交えながら、「ばってん」「森都」「キンキラ」の3劇団を中心に、戦前にも増して隆盛を極めていく。

◆ばってん劇団東京公演の動画

昭和38年のばってん劇団東京公演の様子を伝える貴重な動画をＲＫＫ熊本放送から提供いただいた。ブログ「なんさま肥後にわか」 https://niwaka2.blogspot.com/ で「東京公演」を検索すると見ることができる。

◆戦前の〝幻のにわか台本〟が現存

東京の早稲田大学演劇博物館に、森都組など大正・昭和初期の貴重な熊本のにわか台本7点が残されている。当時のにわかは通常、台本を作らなかったが、戦後のＧＨＱ（連合国軍総司令部）の検閲用に特別に作成されたものとみられる。米国ミシガン大学から同博物館に移管された約８３００点に上る九州地区劇団の占領期検閲台本（ダイザー・コレクション）の一部で、にわか関連はほかに福岡85、佐賀43、長崎２、鹿児島1点が残されている。

◆加東大介の「南の島に雪が降る」

黒澤映画でも知られる俳優加東大介が戦時中のニューギニアで兵士慰安のためにつくった劇団についての手記が「南の島に雪が降る」（昭和36年）。書籍がロングセラーとなり、ＮＨＫのテレビドラマや東宝映画が加東主演で制作されて話題となった。道具もない中で苦労しながら芝居を作る姿は蓑田の体験とだぶる。

曲がり角

高度成長の波にのまれ

昭和38（1963）年5月、20日間に及んだ東京・浅草公演を大成功させ、人気に拍車が掛かるばかりに見えた肥後にわか「ばってん劇団」（蓑田又雄団長）。しかし、上京の裏には、曲がり角を迎えた劇団事情も潜んでいたようだ。

〈テレビから消えた〝肥後にわか〟、松竹演芸場と契約、出演料値上げ不調で〉。38年3月14日付の週刊熊本が、そんな見出しで内情を暴露している。

それによると、このままでは団員14人を養えないとして劇団が局側に出演料の値上げを再三求めたことが絡んでスポンサーが降板。テレビ番組が2月にストップしたため、折からの浅草出演の話に飛び付くに至ったのだという。

劇団は三つだけに

〈昭和35年から40年くらいまでが肥後にわかの最盛期〉。ばってん荒川が、著書「あんたがた甘えちゃおらんかい」（昭和58年）で振り返っている。確かに28年に始まったラジオ番組も、34年からのテレビ番組も、そのころ姿を消した。

代わってブラウン管をにぎわせたのは「スチャラカ社員」や「てなもんや三度笠」など。茶の間には関西発の笑いがあふれた。そして時代は地域から若い労働力を奪い、伝統的な社会の在り方を変えた高度経済成

「肥後にわか連合会」の発足に合わせ、ずらり並んだ３劇団のメンバーを前に誓いの言葉を読み上げる蓑田又雄ばってん劇団団長（左）

長期。

〈祭りがすたれる。広場がなくなる。農協は一泊旅行、敬老会はゲートボール…だんだん出番も少のうなって〉。蓑田は後年、熊日「この人この道」（60年）でなげいた。決定的だったのがカラオケブーム。〈ばったりメシの食われんごてなった〉

「すたれゆく肥後にわか」として熊日が記事を載せたのが42年5月。数多かった劇団も「ばってん」「森都」「キンキラ」の三つだけに。記事は〈脚本が刷新されず、〝時代の流れ〟に押されて、にわかが若者向きでなくなった〉と厳しく指摘した。

残った劇団メンバーもにわかでは食えず、飲み屋やタクシー運転手などの副業に走らざるを得なくなる。お米ばあさん役で人気だったばってん荒川も、民謡酒場に出て演歌歌手の道を歩み始める。

〈マンネリで時代の流れに乗り切れんかった。放送ばやめたら新作ば作らんかったとがいかんだった〉と悔やんだ蓑田。興行で島原などを回ったりもしたが、客が減るとやめてしまい、〈本当のプロ（職業劇団）になるというフンギリはつかなかった〉と振り返っている。

「保存会」が誕生

こうした事態に地元から支援の動きが起こる。「郷土芸能としての継承発展」を目的に46年7月、「肥後にわか保存会」が結成された。中心になったのはかつて「熊日にわか」を作った熊日と、ラジオ番組で当てた熊本放送の関係者だ。

熊本放送は同月、３劇団などが総出演する「ＲＫＫ納涼お笑い肥後にわか大会」を熊本市民会館で開き、満席にした。翌47年には熊日が肥後にわか台本を一般から募集。集まった30作から優秀作を上演する「新作肥後にわか発表大会」を同年11月に同会館で開き、これまた満員の観客に熊本弁の笑いを堪能させた。

大会では初の３劇団合同上演も実現。翌48年には関係者による紙上座談会が開かれ、「盛り返した〝肥後にわか〟」の大見出しが踊った。座談会をきっかけに３劇団出演の「肥後にわか大会」が毎年開かれるようにもなった。

中でも熱心だったのが島田四郎保存会長（当時・熊日社長）だ。「志待多士浪《しまったしろう》」の名でにわか台本まで書いている。間近に接した元熊日記者窪田隆穂さん（77）は「文化に造詣の深い方で、郷土芸能を大事にしたいという強い思いから取り組まれたのではないでしょうか」と振り返る。

支援にこたえて、にわか３劇団も53年９月に「肥後にわか連合会」を結成。蓑田が代表して「私どもは伝統ある肥後弁と肥後にわかを保存、普及するため、一致協力して芸道に精進することを誓います」と決意を述べた。

これを機に、３劇団の合同公演も増える。56年からは観光客を対象にした「郷土芸能の夕べ」が熊本市の産業文化会館で毎週土曜夜に開催され、肥後にわかを毎週楽しめるようにもなった。

ばってん、森都、キンキラの肥後にわか３劇団主要メンバーが浴衣姿で勢ぞろいした舞台

さらに、村田英雄や水前寺清子など有名歌手とセットにしたにわか公演を試みるなど、自主公演を続けるための劇団の工夫も続いた。

「このまま死ねない」

こうして、一時すたれたにわか人気も復活するかに見えた。しかし、往時の勢いを取り戻すには時代の荒波は大きすぎたのだろう。56年10月、熊日に再び「苦境の肥後にわか」の見出しが見える。

郷土芸能の夕べで熱演された肥後にわか＝熊本市産業文化会館＝昭和63年

いわく〈肥後にわかにぷっつり声がかからなくなった。現在のばってん劇団の公演は月に6、7回がいいところ〉。さらに〈進む老化と後継者難〉〈3劇団で14人〉と危機を訴える言葉が並んだ。

にわか復興を目指して先頭に立ってきた蓑田も61年、劇団40周年記念パーティーで「後継者をつくるまでは死ねません。壁を突き破っていかないと肥後にわかは残りません。肥後にわかを出す場所をつくってください」と悲痛に訴える状況に追い込まれた。

57年にばってん劇団に入ったばってん城次（服部経泰）（60）は入団直後、蓑田の手配で新聞やテレビに久々の若手として大きく取り上げられると「これで、もう辞められんぞ」と言われたとか。

一方で、蓑田はよほどうれしかったのだろう。「随分かわいがられて、にわかの面白さも教えてもらいました。郷土芸能肥後にわかを何とか守りたいという強い思いを感じました」と城次は振り返る。

その蓑田は平成4年6月、思いを果たせぬまま、74歳でこの世を去った。

当時の熊本演劇人協議会長で、蓑田とともに戦前のにわか師を集めた座談会にも参加した渡辺恭士さんが、死を悼む文を熊日に寄せている。

蓑田の悔しさに思いをはせ、テレビの薄い笑いの洪水をなげき「にわか師たちの全人生こそが泣き笑いの積み重ねではなかったのか」と書いた文章には〈笑った、泣いた、生きた〉と見出しがつけられた。

熊本の笑い

◆新作肥後にわか脚本集「熊本の笑い」
熊日は昭和47年、一般から募集した肥後にわか脚本の中から1席「目覚まし時計」（宮村嘉青）、2席「熊本改造論」（松本弘）、3席「帰ってきた女房」（吉田英輔）の脚本などを掲載したコンパクトな書籍「熊本の笑い」を発売している。1席の宮村さんは「5年ぶりの作品。熊本弁の楽しさをわかってもらおうと書きました」と語っている。

◆キンキラ劇団「女嫌い」音声
キンキラ劇団が親子3人のキンキラトリオとして県外で公演していた当時の肥後にわかの音声が残っている。演目は「女嫌い」。上記のＱＲコードを読み取るか、ブログ「なんさま肥後にわか」で「キンキラトリオ」と検索すると聞くことができる。

ばってん荒川

新境地開いた熊本の顔

〈秋祭　ばってん荒川　出てきそう〉。平成19（２００７）年12月の熊日読者文芸面に載った読者投稿だ。22年2月には熊本県宣伝部長だったタレントのスザンヌさんが「有名人は天草四郎、加藤清正にばってん荒川」と歌った。そして30年3月、作家の梶尾真治さんは熊日連載小説「黄泉《よみ》がえりａｇａｉｎ」の中で、よみがえった荒川にヒット曲「帰らんちゃよか」を歌わせた―。

荒川は18年に亡くなったが、庶民を笑わせ、愛された〝肥後にわかの代名詞〟とも言える荒川の「お米《よね》ばあさん」は、今なお多くの県民の心に焼きついていると言えそうだ。

昭和38年の「ばってん劇団」浅草公演をピークに肥後にわかは下火の道をたどり、仲間の多くが飲み屋やタクシー運転手などに転身していった。そんな中ひとり気を吐き、全国に通用する芸人として新たな境地を切り開いてみせたのがばってん荒川だ。

19歳でお米ばあさん

本名米嵜一馬《よねざきかずま》。昭和12年2月、熊本市新町に生まれた。父荒川九州男《くすお》は「上方漫才中興の祖」とも呼ばれる玉子屋円辰の弟子筋に当たる漫才師。しかし、顔も知らずに育った。〝2番目の父〟とは性が合わず、仲間を引き連れタダで映画館に潜り込む悪ガキに育つ。中学を卒業して職を転々としているうちに「荒川九州男の息子だろ」と声をかけられ出合ったのが、「ばってん組」だった。

いきなり舞台に上げられたのが18歳の時。最初は娘役もやったが、人気に火が付いたのはばあさん役を志願してから。生涯演じた「お米ばあさん」の誕生だ。まだ19歳の若さ。女湯をのぞいて老女の腰の曲がり具合を研究したという逸話は、このころの話だ。

昭和の町のどこにでもいそうな世話焼きばあさんが、痛快な熊本弁でズバッと説教する。時に着物のすそをピラーっとまくってお色気サービス。顔のシワをけなされれば「汗の流れよかごと溝ば掘っとっと」。客席の空気を読んでアドリブを連発する舞台は笑いが絶えなかった。

舞台で市原悦子と歌うばってん荒川

そんなにわかの芸人が、タレントとして成功する転機となったのは、手首のけがもあって「ほかの仕事はできん」と覚悟を決めて熊本市内の民謡酒場に飛び込んだことだった。

毎晩重ねた酔客相手のステージが話芸に磨きをかけたのに違いない。やがて素顔で歌った歌声が居合わせた作曲家の耳に止まる。そうして売り出した「火の国一代」が15万枚のヒット。キャンペーンで全国を巡るうちに福岡でラジオ番組を持つように――。

こうして、新たな歯車が回り始める。どつき漫才の正司玲児の縁で、あこがれの大阪角座の舞台にも上った。もちろん「お米ばあさん」の姿で。そこで喜劇界の大看板、松竹新喜劇の藤山寛美《かんび》の目にとまる。〝指パッチン〟で知られた喜劇役者ポール牧の誘いで東京の日劇や新宿コマ劇場などにも進出した。

活躍は舞台にとどまらない。「およねの農事メモ」など熊本だけでなく九州各地のテレビ、ラジオで欠かせない存在に。さらに、キー局のドラマや「トラック野郎」などの映画でも独特の存在感を発揮し、一流芸能人の仲間入りを果たしていった。

機転とひらめき

なぜ、一介の肥後にわかの芸人がここまで大きくなれたのだろうか。

「生きんがために無手勝流で必死に芸を広げたんですよ。その時、にわかで作り上げた芸の力が武器になったのは間違いありません」と言うのは、昭和50年ごろ荒川と出会って以来マネジメントを任せられた福岡の芸能会社社長の沢柳則明さん（69）だ。「あの間《ま》とあの呼吸…。かつらを着けて客席に出たら100％客の心をつかんで喜ばせる。あの芸に惚《ほ》れました」

にわかは元来、台本のない世界。1回きりの機転とひらめきで勝負が決まる。そのため、荒川は日ごろからニュースへの目配りを怠らなかったという。分からない事は周りに聞く。話題の映画や舞台を見るために大阪、東京に出掛けた。そして、新しい流行をすぐ芸に取り入れた。

工夫は言葉にも。熊本弁を土台にしつつ「〇〇くさ」などと博多っぽい言い回しも使った。「あれは熊本弁じゃなか」という批判もあったが、主な活躍の場とした九州全体を意識した荒川ならではの〝九州弁〟と言えるだろう。

一方で「どぎゃん歌が売れても、肥後にわかや熊本へのこだわりは忘れなかった」と話すのは、長年舞台を共にした「キンキラ劇団」のキンキラ陽子。最後まで新町の自宅を拠点に、仕事を終えると必ず熊本に帰った。30周年、40周年と芸能生活の区切りに開いた公演でも、ゲスト

素顔のばってん荒川

を招いた華やかなショーと共に必ず楽しそうににわかを演じたという。

身に染みる偉大さ

荒川が持病のため69歳の生涯を閉じたのは平成18年。盛大な葬儀には有名芸能人の花輪が並んだ。そして、熊本県は功績をたたえて地域文化特別功労賞を新設して贈った。

病床の父の言葉をきっかけに芸の世界に飛び込んだという次男勲さん（34）＝ばってん荒川Ｊｒ＝は「あれから10年以上。改めて父の偉大さが身に染みる」と言う。「お米ばあさん」を演じる姿は似てきても、父親の芸ははるか遠くに見えるという。それでも「いつか堂々と2代目を名乗れるようになりたい」と語る。

「まだ主人の『帰らんちゃよか』は聴ききりません」と涙ぐむのは妻美都江さん（70）。今なお墓前に届く花に「お父さんは、普通の家庭で育った私には分からない（芸能の）世界に生きてきたんだなあとつくづく思います」。そう語る自宅居間には、長男誕生時に俳優森繁久彌から贈られた筆書きの「讃《さん》」が飾ってあった。

昭和40年代、にわかの灯が消えかけた時、さんざんテレビを呪ったという荒川。しかし、後に「仇《かたき》て思うたつが、最大の味方になるこつば、身をもって味おうとります」と著書にしみじみと書き残している。

彼は、明治以来の祭りのにわかが姿を消し、戦後の肥後にわかが廃れる中で、テレビ時代を見事に乗りこなした〝現代のにわか師〟だったと言えるのではないだろうか。

にわかの舞台で張り切るばってん荒川。右はキンキラ陽子

オープン時のお米寄席＝昭和47年

◆主な歌や映画、テレビ、書籍

荒川の持ち歌は「火の国一代」「火の国旅情」「屋台」「ピンコロルンバ」など１００曲以上。中でも「帰らんちゃよか」は島津亜矢に歌い継がれ、愛唱されている。「トラック野郎」「あつい壁」「静かなるドン」（Ｖシネマ）などの映画にも出演。「テレビタミン」（ＫＫＴ）、「熱血ジャゴ一座　只今参上！」（ＲＫＫ）、「ばってんのふれあい天国」（ＫＢＣラジオ）など多くのテレビ番組でも活躍。書籍は「あんたがた甘えちゃおらんかい」（山手書房）、「芸ひと筋」（熊日）、「笑いあり涙あり人生二人三脚」（沢柳則明著、西日本新聞）など。

◆上通にあった「お米寄席」

荒川は昭和47年から数年、熊本市の上通に、自らの名を取った「お米寄席」を構えていた。荒川の付き人だった岩田弘子さん（79）によると、ます席を設けた立派な作りで、落語や漫才、浪曲、手品などの芸人を関東関西から呼んで繁盛したという。内輪のトラブルで幕を閉じたらしいが、存続していれば、熊本のお笑い文化も、もっと豊かなものになっていたのではなかろうか。

◆にわかのばあさん役の系譜

ばってん荒川と言えばお米ばあさん。荒川が芸をまねたといわれる博多にわかの2代目博多淡海も、ピョンと飛び跳ねるばあさん役が当たり芸だった。さらに、大阪にわか出身で松竹新喜劇を作った曽我廼家《そがのや》十吾《とうご》も「アットン婆さん」で人気だったとか。荒川が19歳、淡海は15歳、十吾も18歳から演じたという。男が演じるばあさんは、にわかの筋を膨らます上で格好な存在だったのかもしれない。

高森にわか

移動舞台で繰り出す若者

これまで、肥後にわかの歴史をたどって「ばってん劇団」などプロの姿を追ってきた。しかし、にわかはそもそも祭りの奉納芸として庶民自らが演じ、楽しんできたもの。県内で、その伝統が色濃く残っているのが南阿蘇の山あいにある高森町だ。

にわかの舞台は毎年8月に町中心部で開かれる風鎮祭《ふうちんさい》。宝暦2（1752）年に始まったとされる南阿蘇最大の祭りで、町角に飾られる造り物とともに、若者たちが移動舞台で繰り出すにわかが平成30（2018）年も町内外から多くの人を集めた。

訪れた日の夕暮れ。普段は静かな町中に夜店がずらっと並び、浴衣姿の老若男女が集まってきた。遠くから三味線のお囃子《はやし》が聞こえる。「○○向上会でございます」という声とともに、白塗りの若者たちが荷車を改造した舞台を引いて登場、にわかが始まった。

厚化粧のごつい男がギャルや力士などに扮《ふん》してギャグを飛ばす。言葉は古くからの高森弁。超ローカルな話題に沿道から歓声が上がる。にわか研究でも知られる郡司正勝早大名誉教授は平成8年に祭りを訪れ〈かつての大坂の住吉祭や吉原俄《にわか》を山国で見るという趣がある〉と書いた。

独特の「流しにわか」

同じにわかでも、高森にわかと会館などである肥後にわかとはずいぶん趣が異なる。

何より、移動舞台を用いて屋外で演じる「流しにわか」というスタイルが違う。「東西東西《とざいとうざい》」の口上に始まり、演じるのは2人か3人。途中、三味線のお囃子《はやし》にのって3歩進んで2歩下がる独特の「道行き」の所作を伴うのも特徴的だ。

舞台道具は家の内外の境を示す衝立《ついたて》ひとつ。

沿道に笑いを呼んだ移動舞台の高森にわか＝令和元年

ひとしきり話を展開した後でのオチは「よおっと聞いてはいよ」と観客の注意を引いて披露し、両手を下げるお決まりのポーズで締める。最後に司会者がお花（祝儀）の提供者の名前を読み上げ、老舗の店先など次の場所へと向かう。この間、10分程度か。

演じるのは「向上会」と呼ばれる町部の男だけの青年組織メンバー。上町、下町、横町、昭和、旭の五つあり、それぞれ祭りの2週間ほど前から公民館などに「小屋入り」して、毎年ゼロからにわかづくりを始める。台本は作らず、残されてもいない。

平成29年、横町向上会の小屋入りを見学させてもらった。新作7本を用意する途中だった。「ゲス不倫」など、当時話題になった出来事を題材に、ビール片手に数人がわいわい話を練っていった。

「1回してん」の言葉でテスト上演。「デート代は700円。まあだ1千（一線）は超えとらん」と自信のオチに笑った仲間からは、「もっと女になりきらにゃん」とダメだしも。「稽古の時が遠慮もなかし一番おもしろか」という声も聞いた。

起源は未解明

高森にわかの起源ははっきりしない。町商工会が30年ほど前に作った「風鎮祭のしおり」には〈宝暦二年に「神事相済まざるに仁輪加《にわか》・手踊り相始め候事不届に付、使い差し立て差し止め候〉という一文が引用されているが、出典は定かではない。

ただ明治39年9月の九州日日新聞は〈阿蘇郡高森町は年々旧七月十六日より十八日に至る三日間風鎮祭と称して造り物及び俄《にわか》踊りをなし非常なる賑合《にぎわい》をなせる〉と紹介しており、明治期には盛んだったことは間違いない。

では、どこから伝わったのか。「肥後にわかとは形が違うし、まねではないはず。むしろ福岡の『本田にわか』に似ているような気がする」と、長年にわかにかかわってきた町教育委員会事務局長の馬原恵介さん（56）は言う。ルーツは、福岡方面なのだろうか。

山里に残されてきた独特のにわかは、芸能史や民俗芸能などの格好の研究対象ともなってきたようだ。中でも筑波大人文社会系博士特別研究員の松岡薫さん（36）はこの10年、高森のにわかを題材に論文を書いてきた。

平成24年の「俄の〈芸〉が生まれるとき」では、型を伝える一般の伝統芸能と違って型がなく、毎年新たに生み出されるにわかの芸の特質に注目。27年の「大正期阿蘇地方における祭礼の資源化」では、向上会という若者組織をつくって風鎮祭を地域振興の資源として育ててきた地域の動きを分析。一連の論文を総合し

風鎮祭のにわかコンクールで熱演する向上会メンバー

て博士論文にまとめ上げた。

特に松岡さんが魅力を感じてきたのが向上会の姿だという。「祭り当日しか披露しないにわかのために、毎年懸命になって稽古して新作を作り上げる彼らのエネルギーにひかれます」と笑う。

担い手育てる

「小屋入り」を見て、ふと思うことがあった。ゼロからのにわかづくりのために毎年2週間も濃密な時間を共有する若者たち。この時間は、若者が連帯感を築き、町の担い手に育つための貴重な時間なのではないか――。

もちろん、にわかの出来の良しあしは重要だ。見物人を笑わせようと知恵を絞るほどに仲間同士の話は深まるだろうし、気心も知れ、一層絆が強まっていくはずだ。

高森弁にこだわるのも、地域の伝統と一体感を意識すれば当然のことか。にわかが次代の町の担い手を育てると思えば、大人たちがお花を出して応援するのもうなずける。

平成30年の風鎮祭には例年と違ったちょっとしたエポックがあった。文化財指定を担当する文化庁の調査官が、高森にわかを熱心に調査する姿が見られたのだ。

今も全国に20以上残るという祭りの場でのにわか。そのうち、高知の「佐喜浜にわか」が平成6年、岐阜の「美濃流しにわか」は8年に国の選択無形民俗文化財になったが、以来にわかでは選ばれていない。

佐喜浜は「芸能の変遷の過程を知る上で」、美濃は「にわかの古格を伝えるものとして」、それぞれ貴重な存在だと評価されている。高森が選ばれるとすれば、注目点はどこだろうか。

物事を別の何かに見立てて楽しむ〝見立ての精神〟で共通する「造り物」と「仮装行列」が同じ祭りの中で「にわか」と共存してきたことも、ほかにない特徴といえないだろうか。

残念ながら近年、仮装行列は途絶えてしまったが、そんな高森にわかの価値が広く認められる日が、近づいているのかもしれない。

横町向上会の祭礼記録を手にする吉良禎人さん

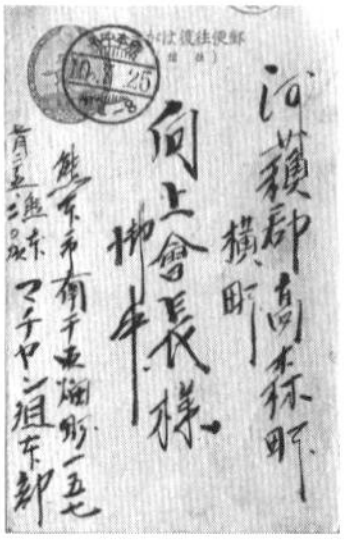

マチャン組のはがき

◆老舗に残る江戸時代からの祭礼記録

高森町の老舗商店「豊前屋本店」の蔵に江戸時代（嘉永年間＝１８４８～１８５４年）に始まる町の若者組織の貴重な活動記録などが残されており、吉良禎人会長に見せてもらった。「横町向上会関係文書」と名付けて調査した筑波大特別研究員の松岡薫さんは、大正15年に発足した向上会の記録がにわかや祭りに限られていたことからも、向上会は祭り運営に特化した集団として組織されたと分析している。

◆マチャン組の〝営業〟はがき

豊前屋本店には横町向上会関連文書と共に、戦前の熊本にわかの名人マチャン組からのはがきが残されていた。消印は昭和10年7月25日。「芸題等も目新しき物を作して見物をわっと笑わす自信を持って居ります」と筆書きしたもので、熊本の劇団が古くから地方の祭りを目当てに〝営業活動〟を行っていたことをうかがわせて興味深い。

◆昭和向上会にわか動画「ゆうれい」

平成25年に高森にわかを初めて見て私がユーチューブにアップした動画。風鎮祭の夜は、毎年このようなにわかが町のあちこちで繰り広げられる。
アドレス　https://youtu.be/Tqh7dtJaThQ

◆「高森のにわか」文化財に

高森にわかは、この記事が新聞に掲載された後の平成31年春、にわかで三つ目となる国選択無形民俗文化財に選ばれた。

高瀬と伊倉

笑い競った玉名の若者

熊本のにわかを語る上で、高瀬《たかせ》、伊倉《いくら》の二つの地区の若者が笑いを競った玉名地方は忘れてはならない場所だろう。

熊本市を北上し、菊池川をまたぐ高瀬大橋を渡ってすぐの高瀬商店街。海運の歴史でも知られる古い町並みを舞台にしてきたのが「高瀬仁《に》わ加《か》」だ。往時を知る小川治雄さん（91）＝元玉名市文化財保護委員＝を一角の書店小川文華堂に訪ねた。

「戦前の招魂祭《しょうこんさい》の時には16の町内にそれぞれ舞台が立って、町内から1組ずつにわかが出て、それはにぎわいました」と小川さん。

当時の様子は、元玉名市観光課長の故野間和夫さんが「高瀬歳時記」に書き残している。

〈これ（招魂祭）が終われば私達は大川に泳ぎに行って、或《ある》いは銭湯で、あそこの仁わ加は面白かっただの、どこそこはへただっただのと、その真似《まね》をして花を咲かせたものであった。（中略）仁わ加は当時の子供の希望と夢をかき立てた。ユーモアがあり笑いがあった〉

平成17年にあった「高瀬夜噺」の催しで懐かしい高瀬仁わ加を披露する野間和夫さん

ＧＨＱの検閲

戦時の中断をはさんで戦後復活した仁わ加は、舞台を春祭りに移し、青年団長になった小川さんたちが主役となった。占領下の当時、ＧＨＱ（連合国軍総司令部）の検閲を受けるため、町内から脚本を集めて熊本市まで通ったこともあるという。

昭和47年、10年ぶりに復活した高瀬仁わ加

当時の内容は歌舞伎を題材にしたり、自分たちでつくったり。上演禁止の憂き目に遭うことはなかったという。そうして演者たちは白塗りの化粧で変身し、検番芸者の三味線、太鼓を従えて日がな一日、舞台から舞台へ回ったという。

例えば昭和20年代の終わり、国道２０８号の開通前に新たな橋を造るよう訴えた仁わ加のオチは「『高瀬の町は箸《はし》（橋）の２本なかとしゃがなメシの食われん』といったふうですタイ。ははは」。

しかしそれも昭和30年代の初めには姿を消してしまう。やはり、テレビや車が普及し、娯楽は多様化、地方から若い労働力が都会に流れ出すなど世の中を大きく変えた高度経済成長のせいだった。

それからしばらく、昭和54（１９７９）年に、高瀬仁わ加の復活を目指す動きが新聞に掲載される。保存会結成を目指して玉名青年会議所（玉名ＪＣ）が取り組む〝交通安全にわか〟。脚本を担当したのは、玉名市観光課長になっていた野間さんだ。

その後、「玉名ＪＣにわか隊」が結成され、イベントなどで活動を続ける。平成8年ごろには「福祉も考えるにわか研究委員会」に格上げされた。野間さんは平成17年にも地元の街づくり機関が主催する「高瀬夜噺《よばなし》」で復活への熱い思いを語った。

しかし、残念ながらその願いは今もかなわぬままだ。「昔、仁わ加をしよった有名な人たちもみんな死んでしもうた。私より二つ下の野間君が最後の世代だったですねえ」。小川さんは寂しそうに振り返った。

上方から伊倉に

この高瀬から、菊池川をはさんで南へ約3キロほど下ったところに「伊倉仁○加《にわか》」が伝わる伊倉地区がある。干拓が進んだ今では想像することも難しいが、加藤清正の手で菊池川の支流が改修されるまでは高瀬の港をしのぐ海外貿易の拠点港として栄えたという。

「言い伝えでは、港を通じて交流のあった上方《かみがた》（関西）から江戸時代の中期ににわかが伝わり、ここから県内に広まったと聞いております」。にこやかに出迎えてくれたのは伊倉仁○加保存会事務局長の日田匠さん（67）だ。

仁○加の舞台は、向かい合う南北の伊倉八幡宮にはさまれるように約600メートル延びるかつての伊倉商店街。春の大祭の際には呉服屋、金物屋など多くの店がびっしりと軒を連ねる中に八つの舞台が設けられ、五つの組が昼夜2日にわたって仁○加を繰り広げたという。

伊倉でも終戦翌年には青年団を中心に仁○加が復活された。ただ、ここでも昭和34年ごろ姿を消す。43年に青年団が再結成され仁○加も復活。日田さんはそのころのメンバーだ。しかし、それも十数年で途絶えてしまう。

かつての伊倉仁○加

ところがこの後、本格的な動きが始まる。起点となったのは平成7年の保存会発足だ。「以前仁〇加をしていた連中で飲んでいて『寂しかね、久しぶりにしてみよか』という話になったんです」と日田さん。すぐに10人集まった。やってみたら楽しかったという。お金もかかるし組織立てて取り組もうと保存会を結成。それが玉名市の「一区一輝」運動とあいまって、仁〇加で街づくりを進めようという地域ぐるみの運動となっていった。

翌年から伊倉南北八幡宮の大祭、繁根木八幡宮大祭に欠かさず出演。平成13年からは地区の玉南中・伊倉小の子どもたちを相手に仁〇加の指導を始めた。15年には県内から15団体が出演した「第1回肥後にわかアマチュアコンクール」で優勝し、伊倉小の6年生も特別賞に輝いた。

全国交流大会

翌16年には「昔の地域の雰囲気をよみがえらせたい」と地区が主体となって「全国にわか交流大会」を開催。美濃や博多など全国8カ所のにわか団体を招き、商店街に四つの舞台を設けて、自慢のにわかの競演が繰り広げられた。

「お客もいっぱい集まりました。往年の街のにぎわいが戻って来たようでした」と日田さん。「仁〇加は街づくりに確かに役に立った。特に子どもたちを指導することで大人とのつながりができたと感じています」とも。

最近の活動は9月の敬老会を中心に夏祭りや各種大会の余興など年数回から10回程度。現在のメンバーは40代から70代まで12人ほど。当面、途絶える心配はないが、課題は後継者づくりという。

明るい兆しは、長年教えてきた子どもたちが20代後半になって、再び仁〇加を始める気配があること。「できたらもう1回『全国にわか交流大会』をして、後に引き継ぎたいですね」と日田さんは締めくくった。

珍妙な演技で笑わせたという高瀬の「仁わ加」に対し、言葉で笑わせる伊倉の「仁〇加」。二つのにわかの姿は今では大きく分かれてしまったようにも見える。しかし、ひょっとするとこれも、消長を繰り返してきたにわかの歴史のほんのひとコマにすぎないのかもしれない。

保田木神社の祭典記録簿

伊倉で開かれた「全国にわか交流大会」の舞台

◆保田木神社祭典記録簿

小川さんの計らいで高瀬の保田木神社に残る戦前からの祭典記録簿を見ることができた。この祭りには地元の高瀬にわかではなく、熊本か伊倉のにわかを雇い入れていたようだ。昭和12年には「この数年、運船組と出演料50円で特約してきたが、組が分離したため新たにできた『ばってん組』（戦後のばってん劇団とは別物）と契約した」という趣旨の記録も見られた。

◆伊倉仁〇加の特徴

日田さんによると、伊倉仁〇加は（1）下ネタがない（2）客席と会話をしない（3）必ず言葉でおとす（4）一瞬考えさせ「あー」と笑わせるオチが最上—といった特徴があるという。（3）（4）はともかく、（1）（2）は珍しい。このため下ネタを披露した戦後のばってん劇団のメンバーが「ここじゃ半分しか笑うてくれん」となげいたとか。県内のにわかが伊倉から広まったという話は、ばってん劇団の蓑田又雄団長からも聞かされたそうだ。

県内各地

消えた地域色豊かな伝統

熊本県内の市町村史などを見ると、かつては各地の祭りで当たり前のように素人にわかが見られていたことがうかがえる。ただ、残念なことに昭和40年代の高度成長期に、ほとんどが消えてしまったようだ。

高森町の南に位置する山都町の馬見原《まみはら》で毎年8月に開かれる火伏《ひぶせ》地蔵祭のにわかもそのひとつ。「今じゃする人はいませんが、40年ほど前には私もにわかをしよりました」と語るのは元祭実行委員長の草部清也さん（74）だ。

ここの特徴は、にわか芝居だけでなく、「造り物」も「仮装行列」も「祭りそのもの」もすべて「俄《にわか》」と呼ぶこと。にわか研究で知られる高知県立大名誉教授の佐藤恵里さんの手で研究誌に報告され、草部さんも「古か人はそう言いよりました」と話す。

隣の高森風鎮祭でも見られるこれらの祭事は、物事を何かに見立てる〝見立ての精神〟で成り立つ共通性があるとされる。だとすると、「俄《にわか》」とはそもそも〝見立ての精神に基づく滑稽〟全体を意味する言葉で、笑いの芝居はその一部だったのか―。そんな想像も膨らんでくる。

さらに佐藤さんは、祭りの記録から明治初期に大阪で生まれた「新聞俄」がほぼ同時期に登場していることを確認。伝統的ににわかの印とされてきた「輪違い」の紋が今も祭りの法被に使われていることなど、にわかの発生や伝播《でんぱ》を考察する上でも貴重な存在とみて紹介している。

菊池に江戸期記録

県北の菊池（隈府《わいふ》）でも、南北朝時代から伝わるという松囃子《まつばやし》能の余興として古くからにわかが演じられてきたようだ。

江戸時代の有力商人が代々残した記録「嶋屋日記」には安永４（１７７５）年、〈此年見物群集、此年より分テ上町・下町むつましく、衣裳其外おとり山等、下町より上町ニ借ス、裏ぼん中は双方より加勢いたし、俄《にわか》相勤《あいつとむ》〉とある。県内で最も初期のにわか記録だろうか。同書には毎年多くのにわかが見られたことも記され、寛政４（１７９２）年にはあまりの数に村役人の惣庄屋が差し止めたとも記されている。

半面姿で知られる博多にわかも「松囃子《まつばやし》での戯《ざ》れごとから生まれた」とする説がある。菊池も同じ松囃子に関係し、余興の行列を「通しもの」と呼ぶなど、博多との共通点がうかがえるのも興味深い。

菊池でにわかが盛んだったことは、雑誌「日本談義」を主宰した作家荒木精之さんが採取した民話「老人とえんま大王」にも見て取れる。

平成30年に出版された絵本「隈府にわかとえんま大王」の表紙

〈隈府町の近くに、ずっとむかしからにわか芝居のじょうずな一部落がありました〉と始まり、地獄のえんま大王ににわかをせがまれたにわか名人の老人が頓知をきかせてえんま大王とすり代わる話。平成30年に、菊池市が在熊イラストグループの手で絵本化し、地域の伝統を今に伝えている。

宇土網田は豊作祈願

一方、同じにわかでも天草に近い宇土市網田《おうだ》の農村地区で昭和48（1973）年ごろまで毎年9月9日に行われていた「網田神社俄祭」は、農村ならではのものだったようだ。

11地区の若者が神社で次々にわかを披露するが、それに先立って各地区からサトイモなど自慢の収穫を山盛りにした大カゴを担ぎ、旗を立て、鉦《かね》を鳴らして「道行き」をしながら集まったという。

話をうかがったのは、かつて参加していたという前宇土市嘱託会連合会会長の森田義満さん（83）。「10月には神社の大祭もあるが、俄祭が一番にぎわいよりました」と懐かしそう。女性たちも、踊りながら後に続いたそうだ。

にわかの中身も農村らしい。筋はそれぞれだが、オチはすべて同じ。それは〈何かと思えば五穀の種。之《これ》さえ手に入る上からは五穀は実る、万《よろず》に喜べ、豊年満作〉という豊作を祝う言葉だ。森田さんの手元に1冊だけ残る台本も、同じ文句で締められていた。

俄祭は文化11（1814）年、日照りで作物が枯れる中、神社に祈願すると水に恵まれたことから、お礼に始まったと伝えられる。最近では知る人も少ないが、9月1日の八朔《はっさく》祭では今も俄祭の祝詞が上げられ、往時の片りんを伝えているという。

吉田新町は復活

馬見原、隈府、網田と、失われたにわかを紹介してきたが、各地を訪ねる中で、いったん姿を消したものの、後に復活した

昭和32年の「網田神社俄祭」でにわかを奉納した青年団のメンバー

にわかがあることも知った。高森町の西に接し、白川水源を抱える南阿蘇村の吉田新町（旧白水村）がそうだ。

同町では毎年8月23、24日にある鎮火祭《ちんかさい》の楽しみとして、若者たちのにわかが披露されてきた。「白水村史」によると、ここでも昭和40年代に祭りが途絶えたが、「あまりに寂しい」と昭和60年代に復活され、再びにわかが行われているという。

平成30年8月、その鎮火祭を訪ねた。あいにくの雨模様で会場は村白水総合センターの屋内に変更されていたが、夕刻には子どもたちがにぎやかに駆け回り、お年寄りが杯を酌み交わして祭り気分も盛り上がっていた。

エイサーショーなどに続いてにわかが登場。三味線のお囃子《はやし》、白塗りの化粧、道行きの動作、言葉も高森にわかによく似ている。ただ違うのは、町内の人名が飛び出すなど町外の人間には分からない身内話が目立ったことだ。

そもそも町内の出来事を題材にするのが吉田新町の特徴だという。観客は十分楽しそうだ。それもそのはず。観光客の視線もあった高森とは違い、会場は地域住民ばかり。にわかも、町内の人たちに向けたものだった。

「地域の話題を地元の人に楽しんでもらっています。地域でまとまっていこうと祭りを復活させた先輩の思いをつないでいます」と話すのは祭りのにわかを統括する若長《じゃくちょう》の後藤健太郎さん（47）。最近は隣の両併《りょうへい》地区もにわかを始め、互いの祭りに参加して腕を競っているという。

かつて高森町と並ぶ南郷谷一の商店街だったという吉田新町。鎮火祭は買い物に来る農家へのお礼に始まったというが、今や商店街だった面影は失われ、静かな住宅地に姿を変えた。その中で復活した若者たちのにわかは、祭りの中心として地域をまとめる役割を担い、今も立派に生きていると言えそうだ。

くまもとお米寄席のパンフレット

◆馬見原「地蔵祭新若記録」

地蔵堂に残されていた安政５（１８５８）年から昭和15（１９４０）年まで約80年に及ぶ火伏地蔵祭り（俄）の記録。一部に破損、欠落などもあるが、高知県立大の佐藤恵里名誉教授は「俄」という言葉の使われ方に注目し、「民俗における俄というものの意味領域を質すべき資料となると思われる」として全文を翻刻し、「俄研究創刊号」（２００３年）で紹介している。

◆「くまもとお米寄席」の「案内」入手

「ばってん荒川」の回で荒川が設けた「くまもとお米寄席」を簡単に紹介したが、紙面掲載後に熊本落語長屋世話人の古庄敏美さん（67）から、お米寄席の詳細が分かる毎月の興行案内を提供していただいた。案内には落語界や各界重鎮の言葉が並び、荒川も「県民にナマの芸を」と意欲的にスタートしたことが分かる。しかし、その後は人気の立川談志独演会でも空きが目立ったそうで、昭和47年３月から翌48年４月までのわずか1年２カ月で幕を閉じたらしい。舞台を見ることができなかったのが残念だ。

◆菊池の松囃子

松囃子は新春に祝言を述べて種々の芸能を演じたもので中世に流行した。菊池では毎年10月13日の菊池神社大祭で将軍木に向かって建てられた能舞台で演じられる。造り物や仮装など風流系とされる博多の松囃子に対し、菊池は能・狂言を演じる松囃子として古い面影を残すとされる。国重要無形民俗文化財。

博多にわか

半面姿で効かせた風刺

「肥後にわかのばってん荒川さんは、博多にわかの淡海《たんかい》さんの芸を見て、まねされたんでしょうねえ」熊本市坪井に昭和29（1954）年から41年まであった坪井劇場。家族ぐるみで舞台の世話をしたという日舞の藤間勢弥さん（89）＝船川テル＝が懐かしそうに語る。淡海一座はしばしば来演。ばあさん姿で客席をわかせる淡海を、年若い荒川が客席からじっと見ていたという。

明治の新聞が〈近年は博多俄《にわか》の按排《あんばい》が加わったので一段の進歩をした〉と記したように、熊本のにわかが長年、博多から影響を受けてきたのは間違いないだろう。

博多にわかと言えば、半面をかたどった二〇加煎餅《にわかせんぺい》で有名。その半面とボテかづらを着け博多弁で風刺を効かせる。芝居形式もあるが、今は1人で演じる「一口にわか」が中心。愛好家が「博多どんたく」や「博多盆仁和加大会」などで披露している。

起源は（1）盆踊りから変わったという「盆踊り転化説」（2）藩主黒田長政と父の如水が庶民の不満表明を推奨したという「悪口祭説」（3）松囃子《まつばやし》での戯《ざ》れ言《ごと》説（4）大阪から伝わった「大阪俄伝播《でんぱ》説」―など諸説あるようだが、どうやら大阪伝播説が有力のようだ。

元祖は上方

ＮＨＫ福岡放送局のラジオ番組で戦前からにわかを取り上げ、研究でも第一人者といえる故井上精三さんも〈申し訳ないが、博多仁和加《にわか》の元祖は上方《かみがた》ですタイ〉（「ハカタはかた」朝日新聞、昭和45年）と断言している。

井上さんによると、上方の影響を背景に江戸中期に松囃子の戯れ言の中でにわかの要素が生まれ、天保期（1830～44年）に仮装主体から、やや劇的なものへ発展。盆になると好き者が店先にバンコ（置台）を並べて舞台を作り、大胆な藩政風刺もやった。その時役立ったのが身元を隠せる半面だ。

生田徳兵衛（中央）も出演した博多にわか「二人羽織」

本格的な演劇形式を整えたのは明治になってから。商店の旦那衆や職人たちが続々と愛好団体（組）を組織。祭りになると繰り出す〝旦那芸〟の全盛期を迎えたという。

やがて、プロが出現し、大正後期に素人の時代は終わる。新聞記者からにわか作家となった平田汲月《きゅうげつ》、最後の名人と呼ばれた生田徳兵衛、初代博多淡海らが、大阪喜劇を取り入れ、半面を外して福岡県内外で活躍する。

しかし、ばってん荒川がまねたという2代目淡海が昭和56年に急死し、プロの「にわか芝居」もやがて姿を消す。その間に、テレビや新聞で取り上げられた「一口にわか」が庶民の間で人気を呼び、今も博多にわかの伝統を伝えている。

現在のにわかの中心となってきたのが昭和32年に結成された博多仁和加振興会だ。事務局長の志岐賢治さん（68）は「振興会がなかったら博多にわかもなくなっていたのでは」と振り返る。

一口にわか

振興会には愛好6団体を中心に約90人が参加。伝統のにわかの作り方を学びながら、祭りなどに出るほか、博多の伝統的な暮らしを紹介する「『博多町家《まちや》』ふるさと館」（福岡市冷泉町）で毎月、見学者に無料で笑いを振りまいている。

「一口にわか」は数十秒の中に風刺や皮肉を織り込み、即興で作ることもある。「その良さは、洒脱《しゃだつ》であっさりした博多人気質そのままに、きれいな地口《じぐち》オチにこだわっていること」と相談役の松崎真治さん（87）は言う。

〈ある消防署に不正事件があった。

「消防署のお役人が、ひっぱらえてざまァなかが、叩《たた》きゃァまァだ垢《あか》の出ろうナー」「そらァ消防自動車のことじゃのって、赤（垢）ばっかり…」〉

なるほど、井上精三さんの著書にはこんな作品があった。博多にわかは平成13年、福岡市の無形民俗文化財に指定され、振興会は市の応援も得て活動しているという。

ところで、肥後にわかにも影響を与えた2代目淡海の芸とはどんなものだったのだろうか。脂ののりきった39歳の声を収録したCDの存在を知り、急ぎ入手した。

〈博多なんチ、やっぱりよかねエ、いっぺん中洲あたりのオナゴと遊んでみやい、気色のよかバイ、ウーン、博多のオナゴとキスしてみやい、ハカタ（歯形）のついとる…〉

決して美声ではない。しかし、三味線の音にのせて浮き立つような声と間。粋な芸者衆におしゃくでもし

「博多町家」ふるさと館では毎月、振興会メンバーによる一口にわかが披露されている

てもらっているような味わいだ。風刺も何もあったものじゃないが、ここにも博多にわかの精神がたっぷりにじんでいるのに違いない。

役者バカ・淡海

「ばあさん役にじゃまだと健康な歯を何本も抜いてみたり、芸のこと以外何も考えない人だった」とは淡海の芸に迫った「役者バカだよ人生は」（創思社、昭和59年）の著者内川秀治さん（81）＝元フクニチ新聞編集局長。

2代目淡海は昭和5年の生まれ。父の一座で鍛えられ、ばあさん姿のたくみな話芸に加え、片足踊りや、ぴょーんと飛び上がって空中で正座したまま着地する軽妙な芸で人気に。後に松竹新喜劇に招かれ、大看板の藤山寛美を〝食う〟ほどだったという。

酒が元で50歳で急死。吉本新喜劇で活躍した息子の木村進が3代目を継いだが、彼もまた昭和63年に病に倒れ、令和元年に亡くなった。「3代目が元気だったら、博多にわかの現状も違っていたかも」と内川さんは残念がる。

ぴょーんと飛び上がる得意芸を披露する２代目博多淡海（内川秀治著「役者バカだよ人生は」より）

博多気質も色濃く、町の旦那衆や芸人たちが伝えてきた博多にわか。その中から「オッペケペー節」の元祖といわれ、新派劇を創設した川上音二郎を生んだりもした。しかし、残念ながら最近は地元でも影が薄れているという。

そんな中、生田徳兵衛の作品を交えた〝創作現代にわか芝居〟に取り組む地元劇団を知った。徳兵衛の末裔《まつえい》という座員が台本を書き、年末には博多座で再演予定という。

その「劇団ショーマンシップ」は振興会にも所属して、まずは博多弁の学習から始めたという。座長の仲谷一志さん（53）は「博多の劇団であり続けるため、今後もにわかに取り組みたい」と歯切れがいい。伝統が薄れる中、彼らの取り組みが、新しい風を呼ぶのか―。博多にわかの行方にも注目していきたい。

平成23年、「博多町家」ふるさと館で開かれた「生田徳兵衛と博多仁和加展」のポスター

日本禁歌集２「波まくら博多淡海」の復刻ＣＤジャケット

◆生田徳兵衛と博多仁和加展

「『博多町家』ふるさと館」では平成23（２０１１）年、アメリカでも公演した生田徳兵衛の活躍を伝える日記や記事など貴重な資料を集めた展示会を開催。平成30年に亡くなった孫の女優生田悦子さんも訪れ、大いににぎわったそうだ。「資料には徳兵衛が熊本で入手したにわか台本もありました」と山田広明学芸員。徳兵衛のＳＰから貴重な音源を提供いただき、ブログ「なんさま肥後にわか」（https://niwaka2.blogspot.com）に掲載した。

◆復刻ＣＤ「波まくら博多淡海」

ルポライターの竹中労が１９６９年に製作・限定発売し、２００８年にＣＤとして復刻された4枚組ＬＰ「日本禁歌集」のひとつ。淡海や平田汲月の貴重な声をはじめ春歌や艶笑小話などが収録され〝幻のレコード〟と呼ばれていた。竹中は「半面（二輪加《にわか》面）をつけぬために邪道呼ばわりされている淡海劇に、二輪加の精神は脈々と生き続けている」と解説に書き残している。シリーズはほかに「ぴん助風流江戸づくし」「沖縄春歌集　海のチンボーラ」など。

◆八女市に残る「本田仁〇加」

福岡では博多にわか以外に、八女市黒木町に１４０年の歴史があるという「本田仁〇加」が残る。内藤啓光保存会長によると、いったん途絶えたが、内藤さんらが平成3年に保存会を結成して復活。毎年4月の本田水天宮の大祭で新作を披露している。高森にわかと似ているが、役者がユーモラスな足取りで花道から登場するのが特徴という。平成8年には全国八つのにわかが参加した全国大会も開催。現在の会員は30代から70代の9人。

佐賀にわか

筑紫美主子が生んだ笑い

九州のにわかが芸能の本場、浅草に進出したのは昭和36（1961）年の2代目博多淡海《たんかい》の一座が初めて。肥後にわかの「ばってん劇団」も38年に続いたが、その間の37年に浅草や名古屋でも人気を呼んだのが佐賀にわかの「筑紫美主子《みすこ》（当初は美州子）一座」だった。

美主子は、熊本のばってん荒川、博多の淡海と並ぶ九州のにわかの象徴的な存在だ。「美人なのにじいさん姿で笑わせた。博多にわかより、泥くさい肥後にわかに近かった」と元フクニチ新聞編集局長の内川秀治さん（81）は懐かしそうに語る。

その美主子に至る佐賀にわかの歴史はどのようなものだったのか。佐賀県小城市の牛津地区には「牛津にわか」の伝統も残るが、「筑紫美主子・佐賀にわか」（福岡博編、昭和51年）によると佐賀にわかに古い文献資料は存在せず、江戸後期に博多にわかの模倣から始まったとみられているようだ。

明確な記録は大正末年、佐賀市の煮豆卸業田代熊一によるにわか組の結成が最古らしい。多くの門下生が舞踊を交えて納涼会などに出演し、中には初期のレコード歌手森峰吉もいたという。

転機は昭和15年、日中戦争の戦地に佐賀県から慰問団を派遣したことか。後に筑紫美主子を名乗る古賀梅子と儀一の夫婦も参加し、帰国した16年に美主子を座長に一座を旗揚げしている。

美主子は大正10（1921）年、北海道旭川の生まれ。父親は白系ロシアの軍人とされ青い目、赤い髪。3歳のころ佐賀の親類にもらわれたが、当然のようにいじめられた。それでも習い覚えた踊りを教えて貧しい家を支え、やがて大衆演劇の道に入る。

旅回り興行

自伝によると、当時の佐賀にわかは芝居風ではなく、落語の艶笑小話《えんしょうこばなし》のように、せりふのやりとりのきわどさで笑いを誘う〝低級〟なものがほとんど。大きな催しにはわざわざ博多にわかを呼ぶほど一段下に見られていたという。

筑紫美主子（中央）が笑いを振りまいた佐賀にわかの舞台

旅回りの興行は踊り、剣劇、にわかの3本立て。踊りしか知らない美主子もにわかの舞台に引っ張りだされた。しかも座長とは名ばかり。座員の裏切り、ばくち狂いの夫の暴力、今日の食事に事欠く貧しさ…。それを我慢して一座を守った。

悔しさ悲しさをじいさん姿の道化に変え、佐賀弁で吐き出したのが美主子のにわか。その姿に多くの観客が笑い、涙を流した。当時の様子は作家森崎和江の手で、ノンフィクション「悲しすぎて笑う」（文藝春秋、昭和60年）に活写されている。

「あのにわかは佐賀の伝統というより筑紫さんが生んだにわか。観客は、苦労をなめた筑紫さんになぐさめてもらいに来ているように見えた」。こう語るのは後年、九州大谷短大で踊りを教える美主子を間近に見た演劇評論家の梁木《はりき》靖弘さん（67）だ。

「何でもこなすエンターテイナーとしてはばってん荒川さんが上でしたが、にわかの舞台では筑紫さんがぴか一。絶対的な存在でした」と、にわか興行も手掛けた福岡の芸能会社社長沢柳則昭さん（70）も振り返る。

昭和39年、美主子は体を壊して福岡県二丈町（現糸島市）の玄海温泉センターに拠点を移す。しかし人気は衰えない。51年に佐賀市、52年に佐賀県の文化功労賞、平成4年には地域文化貢献の文部大臣賞を受賞。地域の誇りとしての地位を確かにしていく。

その間、博多や肥後にわかともしばしば競演。昭和28年には熊本市で6・26大水害に遭遇して坪井劇場に5日間閉じ込められたこともあったとか。そんな縁から、芸道75周年記念公演（平成23年）には熊本のキンキラ健太らが佐賀まで駆けつけている。

DVDシリーズ

平成25年、美主子は92歳で世を去った。その前に一座は解散。しかし、人気は今も衰えない。舞台を収めたサガテレビ製作のDVDシリーズ（全13巻）は、〝古里土産〟として今も佐賀空港で販売されている。

そんな美主子亡き後の佐賀にわかはどうなったのだろうか。祭りに奉納されていた伝統の「牛津にわか」はいったん途絶えたものの、15年前に有志が「うしづ仁〇加倶楽部」を結成。毎年5月に「佐賀

佐賀市文化会館で開かれた「にわかフェスティバル」で熱演する佐賀ユーモア協会にわか部会のメンバーと筑紫正大さん（右端）＝平成31年3月10日

にわか座長大会」を開くなど活動を復活させた。

平成30年の大会には「はっぴぃ♡かむかむ」と「きんちゃん一座」の名も。ほかに医療・福祉関係者による「デイサービス春久一座」や「ゆうあい一座」、美主子の一座に長年在籍した筑紫正大《まさひろ》の「劇団にわか」など多くの団体が活動を続けている。

中でも筑紫正大と「はっぴぃ」はイベントやテレビなどにも出演。「はっぴぃ」の稲葉ゆう子座長（63）は「観光施設で時代劇をしていましたが、筑紫（美主子）先生にあこがれてにわかを始めました」と話す。

にわかフェスティバル

また、愛好者らでつくる「佐賀ユーモア協会にわか部会」は、にわか継承に努めた功績で平成22年度に佐賀県芸術文化賞を受賞。毎年、佐賀市文化会館で「にわかフェスティバル」を開催している。

現代劇からにわかに転じたという同部会監督の平尾浩美さん（74）は「最初はにわかの〝泣き笑い〟に拒絶心もあったが、佐賀の土壌の中で演じるならにわかだと思うようになりました」と話す。

最近は、美主子直伝の芸を伝える正大の指導も受けているという。「観客のみなさんに親しんでもらっています。これも、一段下に見られていたにわかを見直させた筑紫さんの功績だと思っています」と笑顔が返ってきた。

先に紹介した博多、そして佐賀。肥後にわかの兄弟ともいえるにわかを育んだこれらの地域では、往年の人気劇団は姿を消していたが、それに代わるように愛好者たちが一座を組んでしっかり活動を続けていた。

それと比べて熊本の現状をどう評価すればよいのだろうか。確かに今も、かつての人気劇団の一部が活動している。高森や玉名にもにわかは残っている。しかし、にわかを支援する保存会や連携組織は存在せず、活動を評価する賞とも縁遠い――。なんだか、お隣がちょっぴりまぶしく感じられてきた。

佐賀県立小城高校で若者の選挙投票を呼び掛けるにわかを披露した「うしづ仁〇加倶楽部」のメンバー＝平成30年秋

DVD「筑紫美主子の世界」のチラシ

◆ＤＶＤ「筑紫美主子の世界」

「踏み切り番」「運の車屋」「おけ屋さん」などの演目をそろえ、筑紫にわかの泣き笑いを堪能できるＤＶＤ「筑紫美主子の世界」全13巻（各２５００円）がサガテレビから発売されている。ＤＶＤ化を企画した担当者は「予想以上の売れ行きで、筑紫さんの人気を改めて痛感している」と話している。

◆渡辺美佐子の一人舞台「化粧」

女優渡辺美佐子がライフワークとしてきた井上ひさし作の一人舞台「化粧」。女座長を演じるに当たって、モデルにしたのが筑紫美主子だった。彼女は、美主子の聞き書き「どろんこ人生」（昭和63年、西日本新聞）に序文を寄せ、大衆演劇という未知の世界や演技のことだけでなく「人間として大きな何かを、教えていただいた」と賛辞を贈っている。

◆牛津や伊万里に江戸期のにわか記録

本文では佐賀にわかに古い文献はないとしたが、平尾洋美さんの研究によると、牛津の商家の日記に文政10（１８２７）年の雨乞いでにわかの記載があり、伊万里でも文化・文政期から神社祭礼でにわか通し物、ねりものの記録があるという。しかし、天保６（１８３５）年の倹約令でにわかは姿を消し、復活したのは明治維新後のようだ。

大阪俄

町を流したお笑いのルーツ

明治25（1892）年2月2日の熊本新聞に〈大阪改良ニワカとの触込《ふれこみ》にてだるま三木丸なんとかいへる大蝶《だいちょう》社一座のニワカ芝居を本日より川端町末広座に於《おい》て興行するよし〉という短い記事が掲載されている。大蝶一座は、幕末から明治にかけて活躍した大坂のにわか師・大門亭大蝶が興したにわか専門の劇団。明治に入ると、初春亭新玉らとともに御霊神社や坐摩《ざま》神社の常打ち小屋で興行していたという。

熊本では招魂祭で奉納にわかがにぎわいはじめたころ。大蝶一座はその後もしばしば来熊する。本場からやってきた玄人の舞台は、熊本のにわか好きたちに大いに影響を与えたに違いない。

享保に始まる

にわかの始まりを伝える「古今俄選《ここんにわかせん》」（1775年）によると、にわかは江戸中期の享保《きょうほう》（1716～1736年）の末、大坂で生まれたという。元文期（1736～1741年）に京都へ、さらに明和期（1764～1772年）に江戸・吉原に伝わり、そのころから全国へ広まったものと思われる。

「俄選」は、にわかの始まりの姿を、住吉祭りの参詣の途中、「俄じゃおもひ出した」と言って往来を歩き、通りがかりの人からの「所望《しょもう》」の声に応えて頓知を披露する「流し俄」の形式だったと記す。

例えば、雷雨のあとで「先ほどはおやかましゅうございました」と雷様の扮装《ふんそう》をした男が往来をただ走り去る。あるいは、所望に答えて「今年はいい思い付きがない。来年こそは」と言い残して一人が立ち去ると、後から大笑いしながら歩く鬼が現れる。

雷様がわざわざ近所にわびに来たり、「来年のことを言うと鬼が笑う」ということわざを現実にしてみせたり、今からすればなんともおおらかな笑いだが、にわかはそもそも、こうした素人の「一発芸」的なものだったらしい。

祭礼の町を流し歩いた「流し俄」は、やがて夏祭りの夜の道頓堀を埋め尽くすほどに大流行。そして遊郭で遊客や幇間《ほうかん》（たいこもち、男芸者）らによる「座敷俄」に発展。さらに幕末近い天保期には多くのプロによる「舞台俄」となって、一大ブームの様相を呈したという。

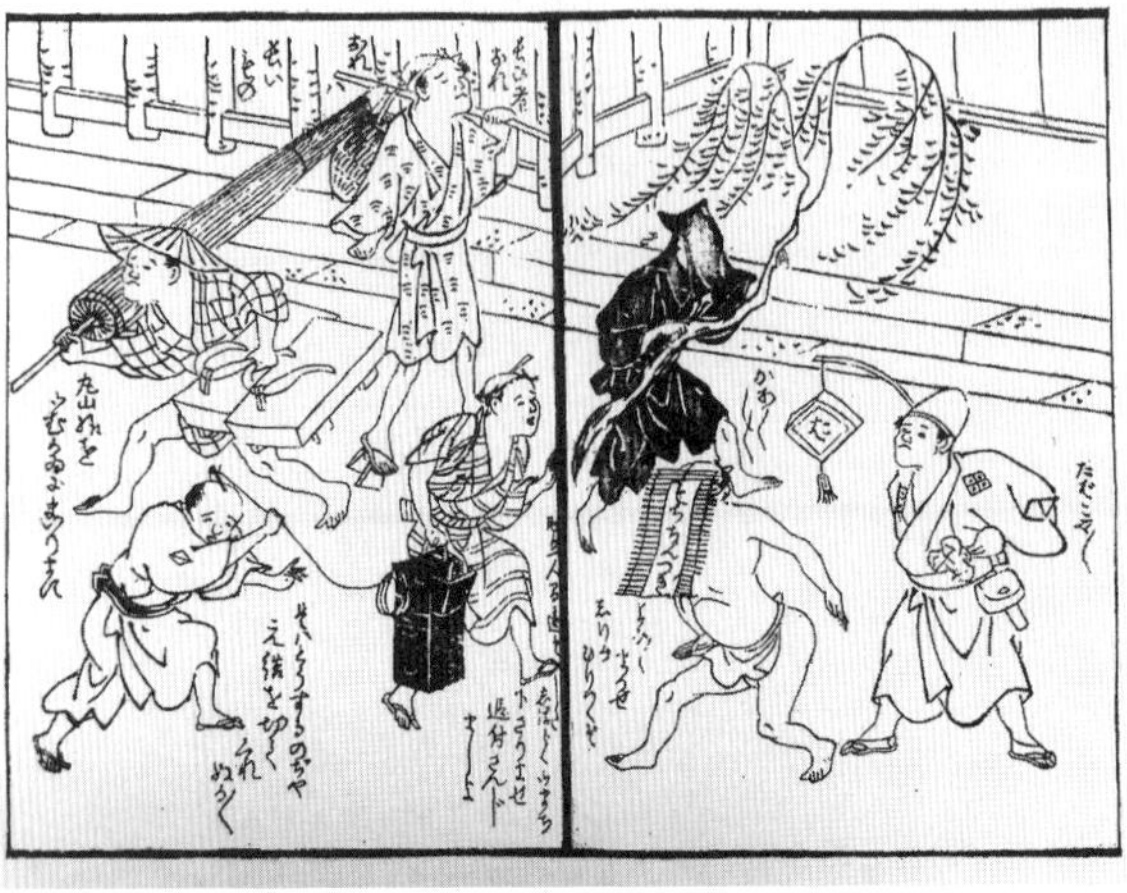

「た」と書いた箱をつるして「たばこや」、黒装束で木に寄り添ってカーカー鳴くカラス…。江戸時代の大坂で流行した流し俄の姿を描いた「古今俄選」の図（国立国会図書館蔵）

「喜劇」の誕生

当時の大阪俄は、歌舞伎のパロディーが主流。観客も歌舞伎に深く親しんでおり、そこに笑いが生まれた。しかし、やがて「あくどいクスグリと野卑だけ」（牧村史陽「浪花風流人物記」）のものに堕していったという。

そうした下品な俄を変えて明治の大阪俄の新たな柱ともなったのが鶴屋団十郎だ。新聞に載った事件などをたくみに取り入れ、新たなスタイルを確立。明治23年、千日前の改良座を拠点に「改良俄」の一座を旗揚げした。大蝶一座が「改良俄」の看板をかかげて来熊したのは、その2年後になる。

こうして俄の隆盛はまだまだ続くかに見えた。しかし、時代は近代化を目指す明治維新の大変革のただ中。世の中は急速に変わっていた。芸能の世界も例外ではない。「旧劇」歌舞伎に対抗して明治21年には「新派」、明治末には「新劇」が生まれる。

笑いの世界でも明治37年、歌舞伎の大部屋出身の曽我廼家《そがのや》五郎、十郎によって旧来のスタイルと一線を画して筋（ストーリー）で笑わせる「喜劇」が誕生。俄一座も次々と喜劇に看板を付け替え、明治42年に団十郎が死んだ後、俄の灯はほとんど消えたという。

昭和7年には「大阪二〇加《にわか》見直す会」が大阪・北陽演舞場で俄の舞台を開き、復興の兆しもあった。昭和45年には東京・国立劇場でにわかに焦点を当てた民俗芸能大会が開かれ、大阪俄の一輪亭花咲《いちりんていはなさく》（2代目）が久々の舞台に立って脚光を浴びたりもした。しかし、それも長続きはしなかったようだ。

忘れられた存在

民俗芸能大会からも、やがて50年。今や大阪俄はすっかり消えたのか。大阪の「お笑い」に俄の影響は残っていないのかー。そんな疑問を胸に平成30年秋、大阪の町を歩いた。

吉本新喜劇の「なんばグランド花月」は平日にもかかわらず老若男女が詰め掛け、漫才や新喜劇が爆笑を誘っていた。上方落語の天満天神繁昌亭でも話芸を楽しむ客で満席の盛況。大阪のお笑い文化は健在といった印象だった。

しかし、四天王寺の庭園に江戸時代の俄の石碑を訪ねても、存在を知る人はほとんどいなかった。近くの寿法寺には鶴屋団十郎の威風をしの

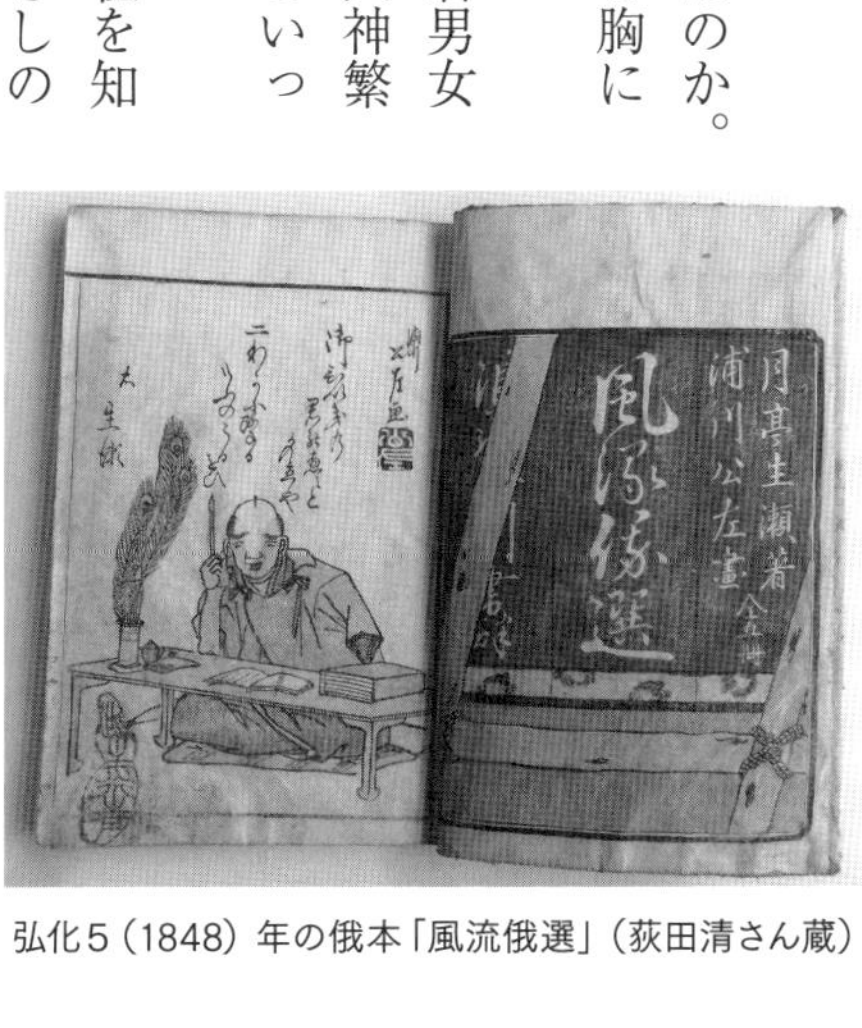

弘化5（1848）年の俄本「風流俄選」（荻田清さん蔵）

ばせる立派な墓が残されていたが、関係者にも墓の由来は知られていない様子だった。

俄はやはり誕生の地でもほとんど忘れられた存在になっていた。だが、目をこらせば俄は4代目として一輪亭花咲の名を継いだ上方落語の露の団四郎さんの手で細々ながら残されていた。「残していかないかんということで、先代（露の五郎兵衛＝3代目花咲）に入門した40年前から、ちょいちょいやってきました」と団四郎さん。

「今は年に1回か2回しかしない」とは心もとないが、表情に曇りはない。「俄の芸は今も大阪の芸能の中に生き残ってます。廃れたわけじゃなくて発展して変わっただけ。今の漫才、コント、新喜劇は〝現代の俄〟と思ってます」と語るのだった。

なるほど松竹新喜劇の大看板だった藤山寛美は著書の中で「原点は俄だす」と明快に語っている。漫才も2人で演じる俄の「軽口」から発展したともいわれている。そう思えば、現代の「お笑い」の中に俄の気配を見つけることもできそうだ。

大阪のお笑いの歴史を取り上げたNHKの朝ドラ「わろてんか」（平成29〜30年）で上方芸能の考証を担当した梅花女子大名誉教授の荻田清さん（68）も「俄が新喜劇をはじめ、今のお笑いのルーツであることは間違いない。ただ、お笑い関係者がそのことをすっかり忘れていることが残念だ」と語る。

著書「笑いの歌舞伎史」で歌舞伎の影響を受け、歌舞伎に影響も与えた大阪俄の歴史に光を当てた荻田さんは「俄の本質はにわかに思い付いたという即興性とパロディーの精神。今でも笑いにとってなくてはならない大事な要素です」と語る。

神戸「ライフ寄席」で大阪俄「忠臣蔵五段目」を演じる露の団四郎（右）と師匠の露の五郎兵衛＝昭和63年

団四郎さんは「わろてんか」で俄を演じてみせたが、出番は多くなかったようだ。しかし、「お笑い」に占める重みを考えれば、もっと俄に焦点が当たってもよかったのではないかとも思えるのだが、さて、いかがだろうか。

大阪の四天王寺近くの寿法寺にある鶴屋団十郎の墓

大阪四天王寺の一角に残る江戸時代の俄の石碑

◆河内にわか

大阪には舞台のにわかのほか、建水分《たけみくまり》神社（千早赤阪村）など河内地区数カ所である秋のだんじり祭りで、青年団がだんじり（山車）の上で披露する「河内にわか」の伝統が残っている。同神社氏子によると、最大18地区からだんじりが宮入りし、口上の後に自分たちで考えたにわかを披露する。「上方芸能のルーツ」という声もあるが、歴史を伝える文献などは見当たらないという。

◆諸説ある〝にわかの起源〟

いわゆる〝にわかの起源〟には「古今俄選」の「享保（１７１６～１７３６年）説」のほか井原西鶴の「好色一代男」の中の太鼓持ちの遊びを始まりとみる「天和（１６８１～１６８４年）説」などもある。そうなると起源は50年ほどさかのぼることになる。この考えは江戸期の随筆「嬉遊笑覧」に記されているが、「大阪にわかについて」と題してにわかの歴史を考察した元九州大学文学部長の故中村幸彦さんは文脈などから明確に否定しており、「享保説」が有力なようだ。

風流の精神

祭りの場に〝機知の笑い〟

にわかのルーツを訪ねていくと、享保年間（1716〜36年）に大坂の祭りの往来で生まれたという説にたどり着いた。しかし、「にわか」と呼ばれる以前の〝にわか的な芸能〟となると、起源はもっとさかのぼるようだ。

アメノウズメが天の岩戸で八百万《やおよろず》の神を笑わせたという神話の世界もまんざら無縁でもなさそうだ。「世界大百科事典」（平凡社）は、中世の祭礼で見られた滑稽な物まねや軽業《かるわざ》などの「猿楽《さるがく》」に、にわかの祖先を求めている。

さらに〈今日に伝わった俄《にわか》の中興の祖は、近世初期の「風流《ふりゅう》」に発するとみるべきであろう〉と著書「地芝居と民俗」（岩崎美術社）で述べたのは、歌舞伎研究で知られ、にわか研究の先達でもある早稲田大名誉教授の故郡司正勝さんだ。

「ふりゅう」は、風雅な姿を意味する「ふうりゅう」とは別の概念。京都祇園祭の山鉾《やまほこ》に代表される豪華麗な装飾や造り物のほか、奇怪で派手な装いで踊り狂った祭りの群集行動や踊りなどの「趣向」を指す。

踊り狂った人々

その「趣向」を生む背景には、災害や疫病などを神の怒りや非業の死を遂げた死者のたたりととらえ、怒りをしずめる祭りを開いた中世の「御霊《ごりょう》信仰」があるようだ。信仰は全国の夏祭りに広がり、風流の伝統

京都・時代祭で再現されている室町時代の風流踊りの様子（平安神宮提供）

を各地に残している。

また、風流の精神は、豪商ら富裕層では祭礼の豪華な飾り付けなどに発揮される一方、庶民の間では「笑い」に向かったらしい。

そうした風潮は慶長９（１６０４）年、豊臣秀吉の七回忌に京都・豊国神社で開かれた臨時祭礼で最高潮に達したといわれる。種々のかぶり物をするなど奇抜な格好で面白おかしく踊り狂う「風流踊り」の群衆が絵図に描かれ、熱気を今に伝えている。

その風流の精神を引き継いだという「にわか」を、芸能や民俗の研究者はどのようにとらえてきたのだろうか。

〈古代演劇と共通する精神構造を持つ、人間にとって本来的な行為の一つ〉（「大衆芸能資料集成」８解説）とみたのは国立劇場で初のにわか公演（昭和45年）を企画した元実践女子大教授（民俗芸能）の西角井《にしつのい》正大《まさひろ》さん（86）。

日本の民俗芸能の生き字引とも言われた早稲田大名誉教授の故本田安次さんも、芸能史に息づく「俄仕立ての即興劇」の存在を重視。能狂言の狂言も〈そのはじめは、やはり即興的な俄であったことが考えられる〉（風流考）と指摘している。

存在意義見直す

そして、郡司さんは〈演劇のもっとも本質的な、もしくは初原的な要素。「かぶき」も本来は俄狂言であった〉と述べ、にわかの存在に光を当てた。

卑近な笑いで安っぽくも見えるにわかが、歌舞伎や狂言の基になったとは―。実は、にわかは長年、芸能史の中でも見過ごされてきたという。しかし、こうした見方が従来の常識に修正を求めていった。

そんな先達の見解を踏まえ、各地のにわかを訪ねて実証的に調査・研究し、発展させたのが郡司さんの薫陶を受けた高知県立大名誉教授の佐藤恵里さん（70）だ。

「郡司先生は早くからにわかは大事だぞとおっしゃってましたし、先生たちが示された見方にとてもひきつけられました。そして高知に佐喜浜《さきはま》にわかがあることを教わり、研究を始めました」

佐喜浜にわかは漁師村の若衆宿が長年仕切ってきたにわか。珍しいことに江戸時代からの４００点以上に上る台本が残されていた。

佐藤さんは歌舞伎とも比較しながらそれらの台本を丁寧に読み解き、古老から聞き書きも行った。さらに宮城から熊本まで全国31カ所のにわかを拾い上げて比較検討を加え、平成14年に「歌舞伎・俄研究」（新典社）という大著にまとめた。

その中で、各地のにわかには（1）地元の若者が管掌（2）造り物などを指す場合もあるが、ほとんどが笑いの劇（3）演者はほぼ男性（4）お囃子《はやし》を伴い路上で演じる（5）神事に対する余興といった「副次的」な存在（6）オチで締める（7）方言で演じ、観客も言葉が通じる地元の人―といった共通点があることを浮き彫りにした。

さらに、演じるたびに「新しさ」が求められ、同じものは再演しない

風流の伝統は熊本にも残る。絵図は妙見宮祭礼絵巻（八代神社所蔵、江戸時代後期）より「傘鉾菊慈童」

「1回性」の重視にも注目。〈寄り合い談合から笑いの種が生まれ、その思い付きが俄を作る。思い付きは趣向。趣向という機知ないし発想が自在に働いて、その内容を新たなものにしていくのではないか〉と述べた。

こうして、にわかは常に新しい「今」に生き、「趣向」という風流の精神あふれる笑いであると把握。にわかは歌舞伎にも通じ、狂言の原点とも言えるという郡司さんらの見方を確認していった。

芸の巧拙より若さ

佐藤さんは「〝機知の笑い〟というにわか的なものは、古くから全国の祭りに必ず存在したのではないでしょうか」とも言う。なるほど、そんな土壌があったからこそ、江戸中期に芸能として洗練された大坂のにわかが広がるや、独特な形で各地に根付いたのかもしれない。

祭りの場のにわかの笑いは、ほとんどが若者から生まれる。そこで重視されるのは芸の巧拙より、若さを思い切り発散させること。そのパワーこそが祭りの喧騒《けんそう》を生み出すとも佐藤さんはみる。

若者の関心が性的なものに向かうのは、いつの世も自然なことだろう。だからこそ、多くの民俗芸能にもあるあけすけな性の笑いが、にわかにも付き物になっているのかもしれない。

ただ面白がって演じているようにしか見えなかったにわか。しかし、その生い立ちをたどっていくと、底には〝たたり〟を「笑い」の力でしずめようとした人々の願いが隠れていた。

つまり、にわかの笑いは、遊びという性質の一方で、人知の及ばない災いを乗り越えようと生み出した〝生きんがための笑い〟でもあったのではないだろうか。

そう思えば、にわかの景色もなんだか違って見えてくる。

国の重要無形民俗文化財に指定された野原八幡宮の「風流」＝荒尾市

◆京都・時代祭で「風流踊り」再現

かつての「風流踊り」の様子は京都で毎年10月に開かれる「時代祭」で見ることができる。時代祭は、平安時代から明治維新まで歴史上の人物に扮《ふん》して都大路を練り歩く歴史絵巻を繰り広げる。風流踊りは「室町洛中風俗列」の中で、室町時代に京の町衆によって盛んに行われた様子が再現されている。

◆高知の「佐喜浜にわか」

「佐喜浜にわか」は高知県室戸市の漁師町の若衆宿で継承され、毎年秋の佐喜浜八幡宮大祭で奉納されている。にわかとしては珍しく江戸時代の明和年間（１７６４〜７１）から現代まで４００点以上の台本が残る。本当の一夜漬けの稽古で本番に臨み、舞台上で役者にセリフを教える「お盆持ち」というプロンプター役が付くのが特徴。にわか本来の精神をよく継承しているとして１９９４年に、にわかでは初めて国の選択無形民俗文化財になった。

学会設立

掘り起こされた庶民の心

〈にわかとは中世以来の「風流《ふりゅう》の精神」を反映して庶民の願いを込めた笑いの芸能であり、演劇の初原的、本質的なものだ〉。先に、こうした研究成果を紹介した。しかし本格的なにわか研究の歴史は、まだ50年ほどにしかならないようだ。

「にわかは、大阪に古い文献が残っていたものの、文化財としては見向きもされない落ちこぼれの存在でした」と語るのは高知県立大名誉教授の佐藤恵里さん（70）。転機になったのは昭和45（1970）年、東京の国立劇場に、にわかだけを集めて開かれた第8回民俗芸能公演だったという。

当時国立劇場に在籍し、公演を担当した元実践女子大教授の西角井《にしつのい》正大《まさひろ》さん（86）は「古くからの民俗芸能がなくなりそうだという危機感があり、消えそうなものから急ぎ企画しました」と話す。なんとか舞台に乗せることができたのは大阪、博多、美濃（岐阜）の三つだけだった。

いわば「最初で最後」と目された企画。しかし、ここから火がついた。発火点は美濃。「単なる余興と思っていたにわかに文化的価値があったのか、と美濃の町の人が驚いたんです」とは、元岐阜放送のアナウンサーで長年美濃にわかを応援してきた神田卓朗さん（76）だ。

全国フェスタ

自信を持った関係者が保存会を結成。毎年、にわかフェスタやコンクールなどを開くようになる。平成4

年には大阪と博多、佐喜浜（高知）のにわかを招いて「全国にわかフェスタ92」を開催。次第に名乗りを上げる地域も出てきて、同6年の「全国フェスタ94」には全国10カ所から集合するまでになった。

背景には、和紙の町として栄えたにぎわいを取り戻そうと行政とともに動きだしたまちおこしの機運もあった。さらに「方言やにわかの風刺が性に合った」と、仲間に加わった神田さんたち〝応援団〟の力も大きかったに違いない。

昭和45年、国立劇場小劇場での民俗芸能公演で披露された大阪俄「三方笑」の一場面

こうした流れを学問的に支えたのが同7年に設立された「にわか学会」だ。早くから芸能史の中のにわかの価値を訴えていた早稲田大学名誉教授の故郡司正勝さんが、結成を呼び掛けた。

「全国フェスタ94の懇親会で突然、先生が提唱されたんです。『にわかの学会ですか？』とみんなで大笑いしました」と学会代表委員を務めてきた佐藤さんは振り返る。

学会とはいえ、畳敷きの間で総会を開くなど堅苦しさとは無縁だった様子。「なごやかで面白かったですね」と神田さんも語る。にわかが残る全国各地で毎年にわか団体の交流会が開かれ、併せて芸能や民俗関係の研究者らが研究成果を発表していった。

70カ所確認

そうして平成16年に発行した学会誌「俄《にわか》研究」創刊号では（1）各地のにわかの掘り起こしが進んだ（2）文献探索が進み幕末のにわか本の状況が明らかになってきた（3）研究の進展で「にわか的なもの」の領

域がほの見えてきた―と、研究成果をアピールした。

中でも成果を上げたのが埋もれたにわかの発掘だ。学会発足時には9府県13地域でしか把握できていなかったが、同16年には15府県30地域で存在を確認。「今では失われたものも含め、全国70カ所にあったことが分かり、20ほどは現在もある」（佐藤さん）と、にわかの全ぼうを浮き彫りにしていった。

研究が進む中で平成6年に「佐喜浜にわか」、同8年に「美濃流しにわか」が国の選択無形民俗文化財に選ばれるなど、その価値が広く見直されていった。

こうした変化には時代の影響もあったと思われる。国立劇場でにわか公演があった昭和45年、いや１９７０年代初頭といえば、水俣病を告発した石牟礼道子の「苦海浄土《くがいじょうど》」が注目されるなど、高度成長の負の側面があらわとなり、伝統社会の崩壊に警鐘が鳴らされ始めた時代だった。

ルポライターの竹中労が失われた禁歌を集めたＬＰ「日本禁歌集」で博多にわかの淡海《たんかい》を取り上げたのが昭和44年。俳優の小沢昭一も門付け芸などを訪ね歩き、ＬＰ「ドキュメント『日本の放浪芸』」（同46年）にまとめた。国立劇場に大阪俄の一輪亭花咲《いちりんていはなさく》が出演したのは、多芸の芸能人永六輔が彼を〝発掘〟していたおかげだった。

いわば、伝統を捨てて突き進んできた明治以来の近代化への疑問が噴き出した時代。同45年には国鉄（現ＪＲ）の「ディスカバージャパンキャンペーン」も始まった。そんな日本再発見の流れの中で、にわかも〝発見〟されていったと言えるだろう。

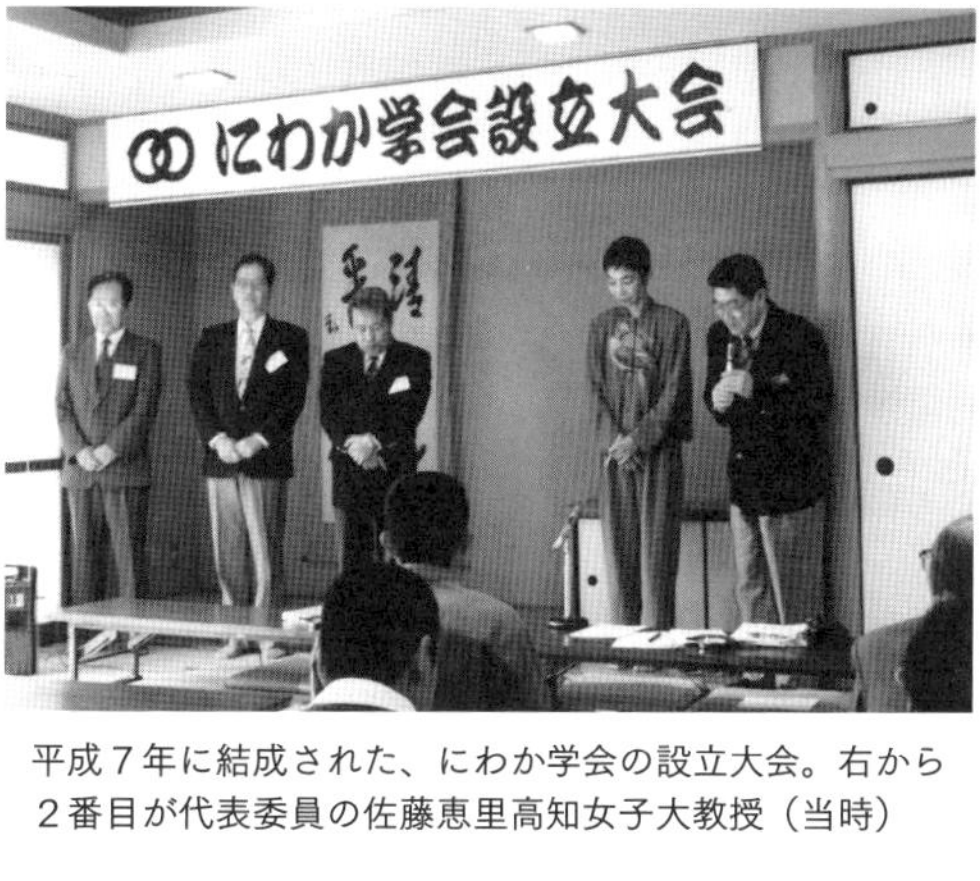

平成７年に結成された、にわか学会の設立大会。右から２番目が代表委員の佐藤恵里高知女子大教授（当時）

伝統の空気

それから半世紀。にわかを取り巻くかつての熱気も薄れてきたように見える。各地の保存会の交流会に合わせて開かれてきたにわか学会も、自治体の補助金削減の影響で交流会ができなくなる中で、開催が難しくなってしまったという。

そんな現状を、佐藤さんは「にわかは面白い研究分野だと思うが、芸能研究が細分化する中で私たちの研究が多くの人を引きつけるレベルに達しなかったのも一因」と厳しく省みる。そして、若い担い手ににわかの魅力を伝える本をまとめることで、学会として一区切りとしたいと話す。

平成30年夏、東京の国立劇場を訪れ、古い資料を見せてもらった。モノクロビデオからあふれ出す大阪俄「三方笑《さんぶしょう》」のレベルの高さに驚き、最後の俄師と言われた一輪亭花咲の「俄じゃ俄じゃ」という声に、往時の大阪の街の光景をかいま見る思いがした。

今ではあまり見られない博多の段ものにわかも、なかなか達者。美濃流しにわかの行列も伝統の空気を感じさせた。にわかの掘り起こしが、ここから始まったかと思うと感慨深いものがあった。

確かに今、にわかの周辺にかつての盛り上がりはないようだ。しかし平成31年3月、熊本の「高森のにわか」がにわかで3件目の国選択無形民俗文化財に選ばれたのも、各地の団体や研究者らの盛んな活動があったからこそだろう。

だれにも注目されずに消え去りそうだったにわかを掘り起こし、その笑いの中に隠されていた庶民の心を見いだした先達の功績は、決して小さくはないはずだ。

熊本から「ぱってん劇団」も参加して平成６年８月に美濃市文化会館で開かれた「全国にわかフェスタ94」のちらし

美濃流しにわかを披露する広岡町広友会

◆岐阜の「美濃流しにわか」

「美濃流しにわか」は毎年4月、岐阜県美濃市の「美濃まつり」で披露される。各町内ごとに若者が主体となって松などで飾ったにわか車に太鼓を載せ、囃子《はやし》をかなでながら旧市街を流して歩いて辻《つじ》つじでにわかを披露する。その姿は、近世の流しにわかの空気を色濃く残すといわれ、平成8年に「佐喜浜にわか」に続いて、にわかとして2番目に国選択無形民俗文化財になった。

◆コミックソング「金太の大冒険」

美濃流しにわかの応援団神田卓朗さんに意外な経歴をお聞きした。かつて、ちょっとエッチな言葉遊びで日本中を笑わせた「金太の大冒険」（つボイノリオ作、昭和50年）というコミックソングをご存じだろうか。この曲は岐阜放送のラジオ深夜番組から生まれ、曲中に登場する「金太待つ神田」とは神田さんご本人のことなのだとか。なるほど、曲にあふれるユーモア精神はにわかを楽しむ精神と共鳴しそうだ。

◆全国の主なにわか

美濃流しにわか（岐阜県）、高浜にわか（福井県）、河内にわか（大阪府）、甲山にわか（広島県）、朝倉にわか（愛媛県）、佐喜浜にわか（高知県）、博多にわか、本田にわか（福岡県）、佐賀にわか、牛津にわか（佐賀県）、有川にわか（長崎県）、肥後にわか、高森にわか、伊倉にわか（熊本県）など。

◆ドキュメント「日本の放浪芸」

小沢昭一が俳優としての自らのルーツを訪ねるように全国各地を歩き、大道芸や門付け万歳、香具師《てきや》、節談説教《ふしだんせっきょう》、肥後琵琶など滅びつつあった放浪芸を現地収録した貴重な音源。大阪の一輪亭花咲の流し俄の声も聞ける。1971年から77年まで全4作のLPシリーズがあり、99年に復刻CD版が発売された。郡司正勝さんが解説を寄せ、小沢は「この種の芸能の断末魔に立ちあった実感のみが残った」とあいさつで述べている。

「盆後踊」と「殿様祭」

藩と町民、にぎわい創出

明治初期の熊本のにわかは、仮装行列や滑稽踊りなどを交えて招魂祭《しょうこんさい》（戦没者慰霊祭）に繰り出したごった煮の「俄踊《にわか》り」だったと先に紹介した。それが大阪や博多のプロの芸に接して笑いの劇に発展。戦後の昭和20年代に肥後にわかと名乗るようになったとみられる。

では、その元となった俄踊りは、いったいどこからやってきたのだろうか。

まず思い浮かぶのは、〝にわかの原型〟として研究者が注目した宇土の古い雨乞い行事のことだ。明治の新聞にも、雨乞いとともに俄踊りがしばしば登場する。江戸時代から両者は共にあったとみて間違いないだろう。

その様子は、旧横手村（現熊本市）の「鐘ケ淵の雨乞い」を描いた二つの絵巻からうかがえる。文化11（1814）年の行列を描いた「鐘巻《かねまき》雨乞全畧図《あまごいぜんりゃくず》」（巻頭グラフ参照）は、天狗《てんぐ》や竜神などさまざまな造り物を作ってにぎやかに練り歩く姿が見える。「肥後村々雨乞行列彩色画」は明治期にも続いた姿を色鮮やかに描いている。こんなにぎわいの中で俄踊りも育まれてきたのに違いない。

雨乞い行列を描いた「肥後村々雨乞行列彩色画」から（熊本大学五高記念館蔵）

ただ、俄踊りが雨乞いから招魂祭へ一気に場所を移したとみなすのはどうか。そもそも招魂祭は雨乞いとは縁の薄い町の祭り。そして、繰り出した俄踊りの規模も時に百組以上と膨大だ。招魂祭につながる何か別の存在があるのではないか――。

調べるうちに浮かんできたのが、加藤清正の時代に新たな「城下町づくりの政策」として創設されたという「盆《ぼん》後《ご》踊《おどり》」だ。藤崎宮の祭礼などと並んで熊本城下の重要な年中行事になり、川尻町や高橋町でも盛んに行われたようだ。

熊本の俄踊りをほうふつとさせる、金沢「盆正月」の笠市町のにわか
（「旧藩祖三百年祭各町催物画」金沢市立玉川図書館蔵）

藩の慶事を祝う

江戸時代の町組織研究をまとめた「近世都市熊本の社会」（本田秀人、熊本出版文化会館）によると、盆後踊は死者を供養する盆踊りとは別物で、藩の慶事を祝う「お上の奉祝」が主眼。毎年7月18、19日ごろ着飾った町民らが藩主が暮らす花畑館などににぎやかに踊り入ったという。

また、「町中のにぎわいづくり」も重視。このため「町民は自主的に資金を集め、踊り組合をつくって町中に繰り出した」と江戸時代の町組織に詳しい松崎範子さん（62）＝肥後医育ミュージアム研究員は語る。〝お上〟と〝下々〟が一緒になって町のにぎわいをつくり出していったようだ。

こうして踊りは年々派手に大掛かりになっていく。享保6（1721）年には〈近年段々りっぱに相成作り物など拵《こしらえ》狂言等敷組…〉（惣月行事記録抜書）と、狂言芝居や造り物まで登場して、招魂祭のにぎわいに似てくる。

過熱ぶりは弘化3（1846）年の「市中風俗取締方報告書」に、5月のうちから大掛かりな舞台を作って稽古と称して遊び歩き、商売も手に付かなくなった例もある、などと記されるほどになる。藩は華美な踊りを厳しく制限していくが、熱気はなかなか冷めなかったようだ。

秩序維持に活用

江戸時代の祭事で、ほかににわかの姿が見えるものに、藩主に感謝して信仰する「殿様祭《とのさままつり》」がある。細川重賢治世の宝暦期（1751～64年）に始まったという。

郡代中村恕斎《じょさい》の日記を基にした「幕末武家の時代相」（吉村豊雄、清文堂）には安政4（1857）年の鶴崎市中殿様祭に俄を催すよう藩が通達を出したとあることからも、俄踊りが殿様祭の重要な要素とされていたことがうかがえる。

〈殿様祭は、藩主への信仰心のみならず構成員同士の融和と勧農の精神をもたらし、村落秩序を建て直す有効なイデオロギーとして機能した〉。熊本大永青文庫研究センター准教授の今村直樹さん（40）は「近世中後期熊本藩領における『殿様祭』と地域社会」と題した論文

金沢「盆正月」の母衣町のにわか（「旧藩祖三百年祭各町催物画」金沢市立玉川図書館蔵）

に、こうまとめた。祭りは藩政の安定と同時に村落住民の暮らしのためにも欠かせないものとなっていたようだ。

一方、殿様祭の中心ともなったにわかは時に暴走のおそれもあった。明治3年には雨乞いと称して村々から集まった民衆が殿様祭の開催を要求して花畑館前で勝手に俄踊りを始め、狂騒状態となったという。背景には藩政への不満があったようで、「そもそも、にわかは幕末の『ええじゃないか』の騒動にもつながる性質をはらんでいる」と今村さんは言う。

こうしてながめると、藩は「お上の奉祝」を掲げた祭りを藩内の秩序維持に活用してきたことがうかがえる。一方で庶民は藩政への不満を抱えながらも、「町（村落）づくりと地域の融和」という点で藩とも利害が一致したからこそ、祭りに熱狂していったように見える。

そして、祭りの核となったのが、雨乞いなどと共にあったにわかだったのではないか。自由勝手な俄踊りは稽古や熟練も不要。思い付きだけでだれもがすぐ参加して無我夢中になれる。そうした熱狂を生み出すにわかの力が、祭りの活力源となったのに違いない。

「盆正月」の絵図

そんな盆後踊や殿様祭のにぎわいを一変させたのは、「お上」の世を終わらせた明治維新の大変動だった。〈明治十年西南役前後に至っては、ゆかり浅からぬ盆後踊も全く其《そ》の影をひそめて了《しま》ふに至った〉と「肥後川尻町史」（昭和10年）は記している。そして明治23年の九州日日新聞は〈招魂祭の始まりしより中絶したる盆踊りは一変して今の俄踊りとなり…〉と書いていた。

「（軍などの主催で明治初期に始まった）招魂祭も盆後踊と同じ『お上』の祭り。町民たちが新たな踊りの場を求めて移ってきたことは十分考えられる」と松崎さんも言う。やはり、招魂祭の俄踊りの前身は、清正の時代から続く盆後踊、そして細川時代の殿様祭にあったと言えそうだ。

残念ながら今、それらの祭りの姿を描いた絵図の類は見いだせない。しかし、加賀前田家が治めた金沢の姿が参考になりそうだ。金沢にも藩の慶事を祝う「盆正月」の行事があり、その様子を伝える絵図が残されている。

旗を掲げ、稚児やむくつけな女姿に仮装して、我を忘れて踊り歩く人々。雨乞い行列にも重なるうれしげな姿は、そのまま盆後踊や殿様祭、そして招魂祭の俄踊りの光景にも見えてくる。

そして、その延長線上に今の肥後にわかもあるはずだ。

◆鐘ケ淵の雨乞い

熊本博物館学芸員の福西大輔さんによると、鐘ケ淵の雨乞いは県内外にも知られた大規模なものだったらしい。17世紀末から18世紀初頭には始まり、安永9（1780）年までに58回も開催した記録が残る。横手村や春日村など横手近郊の村々が竜神、白拍子、小野道風、雷神など数々の造り物を連ねて歩き、最後に井芹川に鐘を投げ入れて降雨を願ったようだ。

◆肥後川尻町史

「肥後川尻町史」は昭和10年に当時の飽託郡川尻町役場から刊行され、同55年に復刻再刊された。その中で「盆後踊覺帳」（天保6＝1835年、竹屋市三郎）などの資料を基に盆後踊の歴史や内容、経費、運営の取り決めなどが詳細に記され、貴重な資料となっている。それによると、川尻の盆後踊は寛永18（1641）年に始まったとされている。

◆幕末の「ええじゃないか」

「ええじゃないか」は幕末の動乱を背景に慶応3（1867）年から翌年春にかけて東海道、

中山道、山陽道筋とその周辺で次々と広がった騒動。神社などにお札《ふだ》が降ったとして、女装の男子や男装の女子らが「ええじゃないか」などと叫び集団で踊り狂った。熊本大・永青文庫研究センター准教授の今村さんによると単なる自然発生的な混乱状態ではなく、富裕層の家に札をまいて祝宴を開かせるなど、「世直し」と称した富の再配分による生活改善を求めた行動であり、一定の秩序の下で地域の祭りの延長上に展開されたらしい。

造り物

今も息づく「見立て」の精神

高森のにわかを取材する中で気になったのが、にわかとともに町に繰り出す「造り物」のことだ。にわかが出る風鎮祭《ふうちんさい》（8月17・18日）は別名「山引き祭り」といい、「山」とは造り物のことを指す。にわかではなく、造り物こそが祭りの主役ということなのだろうか。

数年前の祭りで、町角に立つ歌舞伎役者の造り物に感心させられた記憶がある。役者の目のふちの赤い隈《くま》取りが何ともたくみだった。思わず近寄ると、なんとそれはペンチの赤い握り手を広げただけではないか。その意外さに、思わず笑ってしまった。

〈民俗行事の「造り物」は偽物《にせもの》・まがい物であることを承知の上で造形物を作り、むしろ本物との距離感を楽しもうという世界である〉。造り物研究で知られる大阪芸術大教授の西岡陽子さん（66）は、共著「ハレのかたち—造り物の歴史と民俗」（2014年、岩田書院ブックレット）で明快に説明する。

さらに、造り物は（1）小規模な地域集団による年中行事で素人の手で作られる（2）人も楽しみ、カミの目も喜ばせる造形物（3）完璧な造形よりも「趣向」が重んじられ（4）陶器なら陶器、仏具なら仏具だけで作る「一式飾り」が典型—などと指摘。巻末に西日本を中心に広がる86カ所の一覧表を掲載している。

熊本各地に普及

そのうち熊本は高森のほか矢部（八朔祭）、宇土（地蔵まつり）、馬見原（火伏地蔵祭）、大津（地蔵祭）

など14カ所。「全国的に見ても熊本は集中的に造り物が残っている」と西岡さん。県内にも調査に訪れたという。

その歴史は江戸時代にさかのぼる。「江戸の見世物」（川添裕、岩波新書）によると、享保期（１７１６～３６年）には大坂の寺社の臨時祭礼で盛んに見られ、安永６（１７７７）年には生臭い魚の干物一式で神仏を作ってみせた「飛んだ霊宝」が江戸で評判を呼ぶ。それをまねた「おどけ開帳」が大坂など各地で流行し、造り物の種本も各種発行されたようだ。

やがて文政２（１８１９）年、「三国志」で活躍する武将関羽《かんう》を巨大な篭《かご》細工に仕立てた一田庄七郎《いちだしょうしちろう》の見世物（浅草）が江戸末まで続く細工見世物のブームを起こす。そのころ熊本でも藩が華美な造り物を規制する禁令を出しており、豪華な造り物を競ったご先祖たちの姿が想像される。

造り物は大坂から各地に広がったようだ。ただ、西岡さんも参加した国立民族学博物館の共同研究（２００８～１２年）でも伝播ルートは未解明とされた。「熊本へも瀬戸内海から大分を経て入ったのか、福岡経由か、直接もたらされたかはっきりしない」（西岡さん）という。

風鎮祭の造り物を仕上げる旭通下組の人たち。盆提灯の脚などをうまく使った「風鎮カサゴ」は見事特賞に輝いた＝高森町

視覚的駄じゃれ

さて、高森風鎮祭の主役は造り物なのかにわかなのか―。

「山引き祭りと言っても祭りの主役はにわかばする若っかもんで、造り物を作る私たち中年以降は裏方ですタイ」。長年造り物を作ってきたという桐原東洋一さん（83）と三森勝義さん（78）がにこやかに答えてくれた。

ここの造り物はおわんや盆提灯の脚などの日用品の一式づくり。材料はそのまま使い、加工しないのが決まり。祭りの前に集まって話題のものなど毎年新しい題材を決め、数日で作り上げる。祭りで街中を「山引き」し、コンクールで優劣を決めると、翌日には壊してしまうという。

「昔はほんな〝一夜づくり〟でしたが、最近は人がおらんもんで時間がかかる」とか。本物に近いか、迫力はあるか、材料の使い方に意外性はあるかなどで優劣を競う。各町には、おわんの結びつけ方など〝伝来の技〟が伝えられているらしい。

毎年新しく作り、意外なものに「見立て」て楽しむ趣向。それは、にわかを作る風流《ふりゅう》の精神と相通じる世界だ。享保期に大坂から流行したのも、同時期に大坂で生まれたとされるにわかとの類似を感じないわけにはいかない。

「にわかの台本（おち）は駄じゃれですが、造り物も視覚的駄じゃれ。造り物とにわかとは同じ地平に立ち、分かち難く存在しています」と西岡さん。確かに、造り物があれこれ口をきけば、そのままにわかになりそうだ。

喜三郎の生人形

金賞を受賞した下市連合組の大造り物「消費税増税あわふく国民」＝山都町矢部

熊本の造り物を語る上で忘れてならないのは、江戸の末から明治初期に見世物の世界で一世を風靡《ふうび》した「生人形《いきにんぎょう》」のことだ。その頂点に立った生人形師松本喜三郎は、熊本市迎町の地蔵祭りで造り物の腕を磨いたといわれる。

のちに大坂、江戸に上り、異様な姿の異国人形や遊女人形を並べた「鎮西八郎島廻り《ちんぜいはちろうしまめぐ》」の見世物で世間の話題をさらった。造り物は歴史を経て「見立て」から「人形」に変わったというが、「生けるがごとし」と言われたリアルな生人形は造り物の一つの到達点と言えるだろう。

熊本の招魂祭に町々から庶民の俄《にわか》踊りが繰り出した明治期。工夫をこらした造り物も招魂祭をはじめ、寺社の祭礼、公共機関の祝典、祝勝会、雨乞いなどに出て、にわかと共にあったようだ。

しかし、造り物はやがて都市部から姿を消す。大阪では明治期にほぼ消滅。熊本市でも大正期には衰え、昭和40年以降は完全に消えてしまったとされる。熊本博物館が平成27（２０１５）年に実施した地蔵祭りの調査では、喜三郎を生んだ迎町でも造り物の記憶すら聞けなかったという。

にわかと造り物は、流行→プロ化→変化・消滅の過程も似ている。祭りの余興として生まれたにわかは玄人の舞台にわかを生み、明治半ばに喜劇へと変貌した後、多くが消えた。素人の遊びだった造り物も、芝居の一場面を仕立てて見せる見世物に変わって流行した後、明治末にはすたれる。そして今では、人気のテーマパークなどに姿を変えたともいわれる。

生人形師・松本喜三郎の代表作「谷汲観音像」＝熊本市の浄国寺

ネットが世界を結ぶ令和の熊本。そこに今なお、江戸時代の庶民が育んだにわかや造り物の姿がわずかでも息づいていることをどう受け止めればいいのだろうか。

平成16年、歴史に埋もれていた喜三郎の生人形に光を当てた熊本市現代美術館は、その展覧会に「反近代の逆襲」というサブタイトルを付けた。その意味を、改めて考えてみたいと思う。

崔京国解説「造物趣向種三種」（太平文庫）の表紙

◆造り物の種本「造物趣向種三種」

江戸時代には造り物の手法を解説した絵入りの種本が大坂などで各種出版され、今でも種本通りのものが見られる地方もあるという。天明、天保、安政の三種の絵入り本を紹介した「造物趣向種三種」（崔京国解説、太平文庫）を見ると、〈面はしゃくし、耳は小しゃくし…のうしハまな板…あしはわさびおろし〉と台所用品一式による「戎《えびす》」など多数が紹介されている。初期は狂歌師の手によるものが多く、のちに俳師による作品も出てくる。

◆にわかと造り物の「見立て」の精神

「見立て」には「病気の診断」などの意味もあるが、ここで言うのは「芸術表現の一技法。対象を他のものになぞらえて表現すること」（広辞苑）。郡司正勝早稲田大教授は、にわかなどの「見立ての美学は、呪術をなし、芸術を造り、文学、絵画、演劇、造園などのもろもろにいたり…貧乏だった日本文化の遊びの精神となった」（風流と見立て）として、その存在意義を日本文化を貫くものと深くとらえている。

◆風鎮祭の主役はやはり…

本文では若者のにわかが風鎮祭の主役だと花を持たせてもらったが、戦前の新聞などを見ると風鎮祭の話題は、人気投票のことなど造り物が中心。やはり「山引き祭り」で注目されてきたのは山＝造り物のようだ。

夏祭り

〝夢中になれる時間〟活力に

「見立て」の精神で相通じるにわかや造り物は今も毎年、県内数カ所の夏祭りで新しく生まれている。いったいどんな空気の中で生き続けてきたのだろうか。令和元（２０１９）年の夏、ゆかりの祭りをめぐってみた。

まずは、にわかが残る高森町の「風鎮祭《ふうちんさい》」。にわかコンクールがある8月18日に訪れると、あちこちで「にわかが国の文化財に選ばれた」とうれしげな声を耳にした。

若者で組織する五つの向上会のにわかは力作ぞろい。今年も移動舞台の後を追う子どもたちの浴衣姿がほほ笑ましい。注目は、かつての名優を集めた〝レジェンド組〟。久々の登場だったが、貫禄の演技で観客を沸かせていた。

ワシや神龍、トンボやクワガタ…。おわんや盆提灯《ちょうちん》などの日用品を素材そのまま別物に見立てる造り物。トラックに乗せて町内を巡る「山引き」に観光客のまなざしが集まる。特賞になったのは山村真市さん(65)ら旭通下町の力作「風鎮カサゴ」だった。

「どこのにわかが面白かったですか」。深夜、某向上会の打ち上げをのぞくと、優勝を逃してくやしさいっぱいの顔に出くわした。なるほど、この熱意が面白いにわかを作るのだろうと納得させられた。

人の波

うと地蔵まつりの造り物は素材も加工も自由＝宇土市

同月23日には宇土市の「うと地蔵まつり」を初めて訪れた。会場は市街地に広がり、こぢんまりした高森とは大違いだ。その中で28基の造り物が店先や道路に面して点在。花火もあったこの日は、雨模様にもかかわらず夜店をめぐる人、人、人の波だった。

「なむ、じぞうだいぶつさん、あげてくださいおさいせん～」。浴衣姿の子どもたちが、お地蔵さんの前で鉦《かね》をたたいて声を上げていた。ゆかりの円応寺では「地獄極楽絵図」も開帳されていた。

据え付けの造り物は大ぶり。素材も自転車のチューブや空き缶、植物のシュロなどさまざまだ。加工も自由とあって、高森とはひと味違う出来栄えを競っていた。

グランプリは迫力の「ブラックライオン　ホワイトライオン」（本町四丁目）。作者の浦上清さん（78）はこの道50年の自称〝祭りばか〟。「ことしは孫といっしょに作ったとが一番うれしかった」と笑顔で話してくれた。

翌24日には山都町の馬見原《まみはら》「火伏地蔵祭《ひぶせじぞうまつり》」へ。地蔵を載せたみこしで川に入る「勇壮裸みこし」が有名だが、あえて祭りの始まりを告げる「火伏祈願よど参り」を狙った。ここでは祭りそのものも「にわか」と呼び、かつてはにわか芝居も行われたという。

降ったりやんだりの雨模様。昼過ぎに会場の商店街を訪れると4体の造り物はシートがかぶせられ、路上にひっそり。実行委員長の森川弘士さん（62）らが心配そうに動き回っていた。

幸い、よど参りは予定通り始まった。宵闇迫る中、提灯飾りの台車に乗ったお囃子《はやし》隊を先頭に法被姿の住民が地区ごとに地蔵堂にやって来る。おごそかな姿が歴史を感じさせる。にわかが途絶えたことが残念だった。

世相風刺

造り物は日用品一式。2体1組で世相風刺の文句を添えるのが特徴だ。新若上組と造り物保存会が共作したのは町出身の山下泰裕さんの笑顔に地元のえびす堂を並べた「JOC会長えびす顔」。保存会の宮部博文さん（60）は「今年もキツネがついたごとはまって作った」とうれしそうだった。

祭りめぐりの最後は大造り物で知られる山都町矢部の「八朔祭《はっさくまつり》」へ。暑さがぶり返した9月8日午前、町角の製作小屋は覆いが外され、大きな造り物が全容を現していた。傍らでは、3カ月越しという製作を終えた面々が「今年は優勝したかなあ」と朝から酒盛り中だった。

観光客の姿も増えた午後、11基の造り物が練り歩く「引き回し」が始まった。次々とメイン会場の文化の森に着くと、審査員を前に作品の狙いを説明する。仮装姿で寸劇を披露して猛烈アピールを繰り広げる組も

提灯で飾ったお囃子車を先頭に行われた「火伏せ祈願よど参り」＝山都町馬見原

あった。

大造り物は、松かさやシュロ、ホオズキなど自然物だけで作る。龍や熊などが並ぶ中、「消費税増税あわふく国民」と文句を添え、阿波踊りの女性姿で最優秀賞を獲得したのが下市連合組。橋本浩章さん（58）は「女性らしいしなやかさや色気を出すのに苦労した」と満足そうだった。

駆け足でめぐった夏祭り。地域色豊かな姿を確認できたのはうれしかった。一方で「頑張っていた人が亡くなった」「担い手の若者が減った」「資金づくりが厳しい」と、祭りの将来への心配を耳にすることにもなった。

観光資源

そもそも各地にあったにわかや造り物が時代とともに消える中、伝統が残ったのはなぜか。県内の民俗に詳しい熊本大名誉教授の安田宗生さん（74）は「これらの地区は祭りや造り物などを観光資源として位置付け、地域の外から人を集める工夫をしたから残すことができた」と話す。

高森町では鉄道が開通した大正期に〝三大ばか騒ぎ〟と称して大宣伝を展開、青年組織を祭りの運営主体に育てた歴史がある。各町とも同様の工夫があったはずだ。そんな〝遺産〟のおかげで時代の荒波にも堪えたのだろう。

そうして残った祭り。印象深かったのは、どの祭りにも、たかがにわかや造り物とは思えないほど真剣に熱中

大造り物を引いて沿道を歩く男たちの姿は誇らしげだ＝山都町矢部

うと地蔵まつりは子どもが主役。お地蔵さんの前で、おさい銭を呼び掛ける姿もかわいらしい

する男たちの姿が見られたこと。そして、女たちも祝儀袋を手に、うれしそうに祭りを支えていたことだった。

思えば世知辛い世の中。いっとき「何か」に夢中になって忘れられれば「またがんばろう」と日々の暮らしに活力も湧くだろう。共同作業で力を合わせれば仲間への信頼も生まれよう。それは地域社会の維持にも役立ったはずだ。

その、夢中にさせる「何か」が祭りであり、にわかや造り物だったのだろう。台本のないにわかの笑いは一瞬で消え、造り物は本来、祭りが終わればすぐ壊される。だから毎年、一から作ることに熱中できたはずだ。

そうして人々は毎年一度、祭りという〝夢中になれる時間〟を味わってきたのに違いない。

◆高森「風鎮祭」

風鎮めの願いを込めた名称だが、「高森町史」には、宝暦2（1752）年、町方の商人が農業の五穀豊穣《ほうじょう》を高森阿蘇神社に祈願し、あわせて農家の労苦に感謝して旧暦7月17、18の両日盛大に行われ、今日に及んだと記されている。近年までにわか、造り物と並んで仮装行列も行われていたが、このところ途絶えている。

◆「うと地蔵まつり」

祭りの始まりを記す確かな史料はないが、「宇土市史」などによると宇土藩2代細川行孝が正保3（1646）年、疫病を鎮めるために筑後善導寺の末寺として現在の本町6丁目に円応寺を建立して以降のこととみられるという。造り物の発祥も不明だが、明治20年ごろには祭りの名物になっていたようだ。

◆馬見原「火伏地蔵祭」

地蔵堂前に建てられた案内板には、馬見原に火災が多かったことから永禄6（1563）年に町民が現在地に地蔵堂を建て、近くの龍専寺から火伏地蔵尊を安置したのが始まりという。「蘇陽町史」によると造り物がいつ始まったかは不明だが、地蔵堂に保管されている「地蔵祭新若記録」を見ると、安政5（1858）年に大江山、文久2（1862）年には八幡太郎など歴史上の人物や物語を作っていたようだ。

◆矢部の「八朔祭」

八朔とは旧暦8月1日のこと。農家は大風の季節の無事を祈ったという。山都町は祭りの始まりを宝暦8（1758）年としているが、「矢部町史」によると起源は天文（1532～55年）期にもさかのぼり、明和（1764～72年）ごろから町家全域の祭りに発展したという。名物の大造り物は全国的にも注目され、2013年から大阪の国立民族学博物館にも常設展示されている。

方言

優しく温かく、舞台の命

肥後にわかを見ていて、熊本弁こそが舞台の命だと感じることがよくある。プロの巧みな芸だけでなく、素人の素朴な演技にも観客は笑い転げる。それは方言の力だと思わないわけにはいかない。

令和元（2019）年9月に高齢者対象の催しで見た熊本市の素人劇団「砂原劇団」の舞台もそうだ。「わたしゃ朝メシは食うたろか?」「さっき食べたでしょが」。ぼけた母親と嫁との熊本弁のやり取りに、お年寄りたちの表情がほころんだ。

標準語では得られない、かゆいところに手が届くような微妙な言い回し。乱暴なようで優しく響く声音…。それは暮らしに染み付いた空気のように、自然に体に入る。周囲も同じ思いか。会場は、いつの間にか温かな一体感に包まれていた。

しかし、にわかの観客はどこもシニア層ばかり。若い世代には、方言という肝心の「命」が通じなくなって久しいのだろう。つい先日も、近所の子どもたちの遊びをながめていて、やり取りがすべて標準語だと気付いてあぜんとさせられた。

「バッテンて言うたら記号の×のことと思われてたまがった」と肥後にわか「キンキラ劇団」団長のキンキラ陽子（75）。「にわかで昔の言葉ば使う時にゃ、いちいち説明せんと通じんけんやりにっか」とも。

事情はにわかが残る他県も同じ。「今のにわかで使われる博多弁は昔の半分もあるでしょうか」と福岡の博多仁和加振興会顧問・松崎真治さん（88）。岐阜の美濃市仁輪加連盟会長・豊沢正信さん（61）も「古い美濃弁が分かるのは私ら世代まで。にわかにだけ使われる〝にわか言葉〟になっている」となげく。

撲滅運動の歴史

こうなった背景には、近代国家への道を歩み始めた明治政府が進めた「方言撲滅運動」がまず挙げられる。欧米列国に対抗するために国民をひとつにまとめる手段とされた。確かに、全国で意思疎通を容易にする「共通語」も必要ではあっただろう。

「その一言が欲しかった」と題したにわかを披露する砂原劇団。会場のお年寄りたちは笑顔に包まれた＝熊本市砂原公民館

そして、方言の運命を決定的にしたのは、やはり戦後の高度成長か。労働力として若者が都会に吸い寄せられ、全国的な移動が発生。核家族化で、方言を話す年寄りが家庭から姿を消す。代わりに普及したテレビからは、のべつ標準語が流れる。こうして古くからの方言が親から子へと伝わる構造が失われたのに違いない。

さらに、「方言は恥ずかしいもの」という意識が広がり、方言をばかにされて自殺するといった悲劇も生んだ。平成21（２００９）年にはユネスコ（国連教育科学文化機関）が「消滅の危機にある言語・方言」としてアイヌ語や八重山方言など沖縄を中心に国内八つの言語を挙げるなど、方言の危機は進んでいった。

こうした中で、方言を命とするにわかがやっていけるのか。各地で方言を残す努力も続けられているようだが、不安に思うのも当然だろう。江戸文化が育んだ歌舞伎は「型」を守って見栄えのある伝統芸能として生き残った。しかし、「型」のないにわかは、やっと残された地方でも、いずれ失われていく運命なのだろうか。

リアルとヴァーチャル

ただ、よく見渡すと方言は決して今も消えてはいない。お笑いを振りまく関西弁はいつの間にか身近な存在だ。NHKの大河ドラマ「いだてん」で中村勘九郎は熊本弁の「とつけむにゃー」を連発した。「方言キャラ」の芸人も珍しくないし、若者たちはLINE（ライン）の方言スタンプを器用に使いこなしている。

しかし、それを単純に〝方言の復権〟と喜んでいいものか。昔ながらの熊本弁が飛び交う熊日の投稿欄「熊本弁まっだし」や、夕刊連載「熊本弁コージ苑」がシニア層に喜ばれているが、それとはどこか違った現象に思える。

この風潮を、田中ゆかり日本大教授は著書「方言萌え!?」（岩波ジュニア新書）で「リアル方言」と「ヴァーチャル方言」に分けて明快に説明してくれる。リアル方言は、地域に根差した暮らしの言葉としての本来の方言。にわかを支えてきたのはこれだ。地域で生活する住民なら、気持ちの機微まで伝わる言葉だ。

対してヴァーチャル方言は「土地との結び付き」から解き放たれた新しい方言だという。例えば「なんでやねん」と関西弁でつっこんでみせたり、「行くゼヨ」と土佐弁で決然と語ってみた

LINEの方言スタンプが人気だ。だれでも制作・販売できるクリエータースタンプとして平成28年ごろから増えたという

りする。そこでは、「関西＝お笑い」「土佐＝龍馬」といった安直なイメージが結び付いているようだ。

今やだれもが共通語を身につけたことで「方言は恥ずかしい」という意識は消え、ＳＮＳなどで気軽に〝キブン〟を伝えるコミュニケーションの手段として方言が多用されるようになったという。

「今は方言と共通語を使い分ける時代。熊本は方言が残っている方で、若い人も使っている」と話すのは、留学生対象の熊本弁教材づくりにも取り組んできた熊本県立大の馬場良二教授（64）。「古くからの単語はやがて理解されなくなるだろうが、地域独特の方言が完全に消えることはない」とも語る。

「らしさ」生かして

例えば「〇〇が〝あっている〟」という言い回し。県民の多くは標準語と思っているようだが、これは熊本独特の「気付かれない方言」だという。標準語では「ある」「開かれている」などとしか言わない。アクセントや音調、考え方なども、同様に熊本らしい言葉の基盤として根強く残るだろうとみる。

言葉が時代で変化するのは当然のこと。その意味ではヴァーチャル方言も「今」を映す言葉の姿なのだろう。同時に、熊本らしい方言の要素も残っていくとすれば、リアル方言を命とするにわかにとっても救われる気がする。

その点、佐賀ユーモア協会にわか部会監督の平尾洋美さん（75）の考えははっきりしている。「私がいつも言うのは、今使われている佐賀弁でやんなさいということ。生きている言葉でないとにわかのエネルギーは出ない。地域に根差した言葉は残るだろうし、時代に合わせたにわかでなければ面白くない」

確かにそうだ。たとえ古い熊本弁を理解できる人がいなくなっても、ヴァーチャル方言を交えながら熊本らしい方言基盤を生かしていけば、時代に合った「新しい肥後にわか」として生きていける―。そんな気がしてきた。

キンキラ劇団のＤＶＤのジャケット

◆熊本県立大の方言教材「話してみらんね　さしより！熊本弁」

馬場良二教授が代表を務める熊本県立大日本語教育研究室は２００９年、方言でより深い人間関係を築いてもらおうと、留学生のための音声付き方言教材「話してみらんね　さしより！熊本弁」を開発した。４コマ漫画で「質問」や「誘う」「断る」などの場面ごとの基本的な熊本弁の使い方を分かりやすく紹介。ホームページのほか電子書籍やスマホアプリ版もある。外国人だけでなく、熊本弁に慣れない人も気軽に使えそうだ。

◆熊本支援方言プロジェクト

２０１６年の熊本地震の際には全国から多くの支援があったが、福岡女学院大の二階堂整教授らによる「熊本支援方言プロジェクト」もその一つ。東日本大震災を教訓に、誤解しそうな方言や体の部位の呼び名などをまとめた資料を作成してスムーズな支援に役立てた。「年配の方の心を解きほぐす」方言の魅力にも注目し、今なお方言の存在感が大きいことを示した。

◆肥後にわかＤＶＤが完成

熊本弁満載の「キンキラ劇団新春初笑い公演」を収めたＤＶＤが２０１９年10月に完成した。キンキラ陽子、キンキラ一太、民謡歌手の田中祥子らが出演した２０１９年1月の新作にわか「ヨウ、三代目」を収めている。家庭でも肥後にわかを楽しんでもらおうと同劇団が初めて企画した。

おてもやん

陽気な女性像、役名に拝借

肥後にわかの歴史や、にわかを生んだ祭りなどをたどってきたが、少し目先を変えて、熊本を代表する民謡で、肥後にわかとも縁が深い「おてもやん」の世界をのぞいてみたい。

〈「おてもやん」の歌詞を見て、子供のころの肥後にわかの舞台を思い出した〉。数年前の熊日に、こんな60代の声が載っていた。「おてもやん」でにわかを思い出す。それは、年配の熊本県民にとって当たり前のことのようだ。

確かに、肥後にわかの舞台では「おても」が舞台狭しと熊本弁で元気をふりまき、歌や滑稽な踊りも付き物と言ってもいい。しかし、当然ながら「おてもやん」は、にわかが生んだものではない。

唄の存在が初めて記録されたのは明治40（1907）年のことだろう。九州を訪ねた詩人与謝野鉄幹らが東京二六新聞に掲載した旅行記「五足の靴」で、今とほぼ同じ歌詞を紹介している。有名になるのは、芸者歌手赤坂小梅がレコードを出してから。昭和10（1935）年と25年に売り出して大ヒットし、熊本を代表する曲となった。

肥後にわかとの本格的な出合いは昭和28年ごろ。「ばってん組（当時）」がラジオ出演に際し、役名に拝借したことからだ。〈まず熊本を代表する女性「おても」が決まり、それに庶民のヒーロー「彦一」をくっつけた〉と、ばってん太郎（西村良吉）が「くまもと人物紀行　おてもやん」（小山良著）で語っている。

赤いほっぺに絣の着物

〈おてもやん　あんたこのごろ嫁入りしたではないかいな　嫁入りしたこたしたばってん　ご亭どんがぐじゃっぺだるけん　まあだ盃ゃせんだった　村役　鳶役《とびやく》　肝煎《きもい》りどん　あん人たちのおらすけんで　あとはどうなっときゃあなろたい…〉

ばってんチビ子（右）が「おてもやん」を踊り始めた当初は、彦一役の母親とコンビで踊っていたという。50年ほど前の楽屋でのスナップ

婿さんがあばた面だと言って縁談を途中でけとばし、あとは世話人がどうにかするだろさ、と元気に笑い飛ばす―。陽気な曲に乗った庶民的で開けっぴろげな熊本の女性像は「まさににわかにぴったり」（キンキラ陽子＝田中陽子）。だからこそ役名にも採用されたのだろう。

初代「おても」を名乗ったのは、おどけた「ちゃり舞い」とたれ眉メークで人気だった陽子の母親定子。続いて、赤いほっぺで絣《かすり》の着物のすそから赤い腰巻きをのぞかせたスタイルを作ったのが〈敗戦舞踊が得意でにわかもしていた市松富士子〉（同書）とキンキラ健太（高士健次郎）が振り返っている。

それを面白化粧でデフォルメし、爆笑を誘う踊りに変えたのが、今もテレビＣＭにおても姿で登場するばってんチビ子（松川節子）だ。「にわかに合うごと派手な化粧でわざとずんだれさせて歯抜けにしたり、今のイメージは私が広げてしもたっでしょね」と破顔する。

世間では「おてもやんは不細工な化粧の女性」というイメージが根強いようだが、そんな印象を作り上げた犯人は、やはり肥後にわかに間違いなさそうだ。

さて、曲の由来は、単なる御座敷の「ざれ唄」というものをはじめ諸説ある。「幕末の勤王党の忍び唄では」と唱えたのは作家の荒木精之さん。そして、明治期に熊本の女芝居で活躍し、三味線も教えた永田いねが、富永チモをモデルに作ったという説が広く知られている。

永田いね説は郷土史家の河喜多義忠さんが昭和50年に「時雨かわら版」で発表した。54年にはチモの孫という人物が「おてもやんのモデルは私の祖母」と熊日紙上で名乗り出た。こうした資料を基に小山さんが平成17年に著書にまとめて広がったようだ。

しかし、関係者はいずれも故人となり、明確な根拠にまではたどりつけなかった。また、取材を続けるうちに、全国各地にうり二つの民謡が残されていることを知って驚かされもした。

明治の花柳界で流行したという「きんらい節」はじめ、「名古屋名物」（愛知）や「酒田甚句」（山形）など、歌詞こそ違えど伴奏や出だしまでそっくりだ。これをどう理解すれば良いのだろうか。

河喜多さんも「（いねは）名古屋甚句の合いの手を引用した」と書いているが、在熊の民謡竹峰流宗家二代目の福島竹峰さんは「おてもやんを広めたのはいねさん以外に考えられない。巡業先の名古屋で流行していた曲を聞いて熊本に持ち帰り、熊本の唄に仕立てたのでは」とみる。

民謡「おてもやん」の作者とされてきた永田いね

牛深弁の一口にわか

曲はともかく熊本弁の歌詞は熊本産だろう。その歌詞について、にわかとつながる興味深い話を河喜多さんが残している。いねは牛深券番で出合った「おても」というユーモラスな芸者を題材に牛深弁の一口にわかを作り、それが基になったのだという。

いねが活躍した明治半ばは、熊本招魂祭の俄《にわか》踊りに大勢の芸者たちが繰り出していた。彼女も当然そうした空気の中で、親しくにわかに接していたことだろう。「おてもやん」誕生の周辺には、そもそもにわかの空気が広がっていたと言えそうだ。

「おてもやん」は令和の世となっても熊本市の火の国まつり総踊りのテーマ曲として県民に親しまれ、JR熊本駅新幹線口ではブロンズ像が出迎えてくれる。まちづくり団体の名称にもなるなど、熊本とは切っても切れない存在となっている。

さらに令和元年は、彼女にちなんだ演劇が熊本で相次いで三つも上演されるなど、なにやらブームにも見える。そのひとつ、「劇団ひまわり熊本」の講師で作・演出を務めた佐々木庸子さんは「おてもやんは熊本を代表する無形文化財と言えるのでは。苦しい時代を明るく生きた女性像を描こうと考えました」と制作意図を語ってくれた。

こうして見てくると「おてもやん」は、謎や伝説をまといながらも、今なお愛されていることがよく分かる。しかし、そんな「熊本女性の代名詞」とも言えるイメージを育て、振りまいてきた肥後にわかの方はどうか。少々影が薄くなりすぎてはいないだろうか。

右からばってん太郎、初代おても、後の荒川。昭和30年ごろか

火の国まつりのメインイベント「おてもやん総おどり」の様子＝令和元年

◆「おてもやん総踊り」とにわか

熊本市の火の国まつり総踊りで「おてもやん」がテーマ曲になっていることについて、熊本博物館学芸員の福西大輔さんは「『カミなき祭り』の創出と継続」と題した論文で〈（春に開催されていた）火の国まつり（旧）では（中略）肥後にわかの関係者によって「おてもやん」も歌い踊られていたと考えられ、そうしたことが「おてもやん総踊り」につながっていったと思われる〉と指摘。総踊りも、にわかと深い関係があったとみられるようだ。

◆「おてもやん」の曲のルーツは？

「おてもやん」そっくりな曲は、民謡歌手水野詩都子、三味線演奏家本條秀五郎の2人が2015年に立ち上げた「東海《とうかい》風流《ふりゅう》ロジェクト」のネット動画で確認できる。中部の唄の現地調査、検証などに取り組む同プロジェクトによると、明治20年ごろ上方のはなし家初代芝楽が東京で披露した「きんらい節（そうじゃおまへんか節）」が大ヒットして名古屋で「名古屋名物」となり、それを基に「おてもやん」の曲が生まれたとみられるという。それは（1）三味線のフレーズや音楽構成の類似（2）方言によるコミカルな歌詞の存在（3）東京から地方へ花柳界を通じた当時の楽曲伝播《でんぱ》の傾向—などから判断できるという。動画とともに、同プロジェクトの詳しい解説をブログに掲載した。https://niwaka2.blogspot.com/2019/11/blog-post_27.html

◆相次いだ「おてもやん」関連の演劇

2019年に相次いだおてもやんをテーマにした演劇は次の通り。8月21・22日に劇団ひまわり「音楽劇おてもやん～トモ・イネ物語」（熊本市男女共同参画センターはあもにい）、10月5・6日に、ばってん城次も出演したKomatsuno Unit/転回社の「ミュージカル　ロミオとおてもやん」（熊本市民会館シアーズホーム夢ホール）、11月30日・12月1日にキンキラ陽子のトークショーもあった劇団夢桟敷40周年記念公演「おても大明神 Liberty」（熊本市国際交流会館）。

台本

時代の空気、笑いの〝発射台〟

祭りで生まれたにわかは、もともと台本などない口立ての世界。肥後にわかも簡単な設定や配役、筋書きを決めたら「俺がぎゃん言うけん、こう返せ」と稽古するうちに形が整うものだったようだ。

このため、運船利平《うんせんりへい》とマチャンの名コンビで笑わせたという戦前の「新兵物語」も、部分的な記録から想像するほかになく、全体像までは分からないのが現実だ。

そんなもどかしさも、台本が作られるようになって変わってきた。今では、台本からにわかが描く世界も見えてくる。その変遷をたどる前に、台本が生まれた経緯にも興味深いものがあった。

GHQの検閲

現存最古とみられる肥後にわか台本は、「森都《しんと》組」（現森都劇団）初代団長牛島円朝作とされる大正期の「二人羽織」と「洋行帰り」だ。これらは、戦後に進駐したGHQ（連合国軍総司令部）の検閲用に提出されたものだった。つまりこれらは、不穏な内容はないと示すため、普段演じていたにわかの筋を検閲用に書き起こしたものと思われる。自由な表現を制限する検閲が、古いにわかの姿を今に伝えたとは、なんとも皮肉な話ではなかろうか。

さて、演じるための台本が本格的に作られたのは「ばってん組」がラジオ番組に登場しはじめた昭和28（1953）年以降と思われる。それまでは持ちネタを各地で演じていたが、毎週の放送に同じネタは出せない。やむなく劇団外に台本を求めたという。

そんな〝台本作家〟として活躍した一人が故宮村嘉青さん。電電公社（現ＮＴＴ）勤務の傍ら、ばってん荒川とも親しく接し、にわかの笑いを心得た作品を多く残している。

ラジオ放送用

ほかにも広く台本募集が行われ、素人作家が多数誕生した。こうして熊本の庶民感覚が、広く、深くにわかに反映していったと言えそうだ。

もっとも、各地を巡りながら演じる普段の舞台なら劇団の持ちネタだけでも間に合う。しかし、にわかが下火となって他劇団と合同の舞台が増えると、互いが得意とする演目の台本が必要に。さらに、素人を交えることも多い最近では、欠かせないものになったようだ。

「本当は台本があると棒読みになっていかん。バッテン、知らん者同士で少ない稽古でやるには台本がなかとできません。それで私もここ10年ばかりは書きよります」。キンキラ劇団団長のキンキラ陽子（75）は話す。

さて、そんな台本を中心に、肥後にわかが描く世界の変遷をながめてみよう。

運船の戦前の貴重な音源「国際二〇加角力《にわかすもう》」を聴くと、お囃子《はやし》に続いて「（ドイツ相手に）西郷と清正公《せいしょうこう》を出した

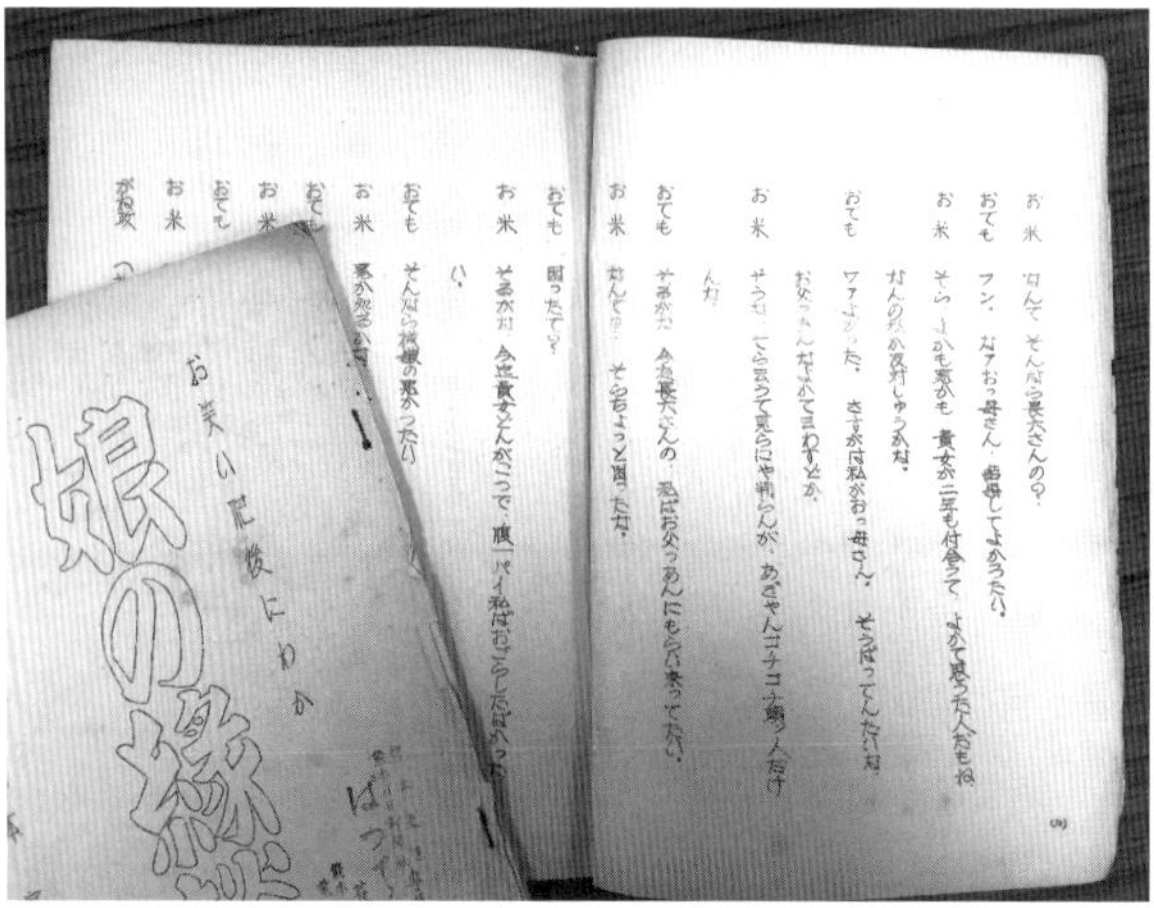

宮村嘉青さんがばってん劇団用に書いた昭和40年前後の放送用台本「お笑い肥後にわか『娘の縁談』」。わら半紙にガリ版印刷で「おても」「お米」「がね政」とおなじみの名前が並ぶ

から、さいごにゃ勝とう」とシャレを連発。各地の名物を入れ込んだオッペケペー節の調子は、明治の俄《にわか》踊りの光景まで想像させる。

運船の後に続いた牛島円朝らによるＧＨＱ検閲台本で目につくのは、当時は珍しかった「洋行帰り」ものだ。

アメリカ帰りの娘の婿養子を探す問答は「日曜はサンデー、月曜はマンデー。火曜日は?」「シランデー」といった調子。標準語で書かれているのは、熊本弁では検閲官が理解できないためだろう。

下町の熊本弁

昭和30年代の宮村嘉青さん作の台本は、下町の熊本弁が飛び交い、舞台のありさまも目に浮かぶようだ。「萬年社員」「横丁《よこちょう》の縁談」「長屋の顔役」「交通地獄」「喧嘩《けんか》夫婦」などの題名が並ぶ。

「喧嘩夫婦」は、夫婦げんかに明け暮れる3組の夫婦が登場し、ばってん荒川のお米ばあさんが仲直りさせる。最後に夫婦手を取るように言われた彦一は、「(手を取るよりも)おてもが心ばくみ取った」と落とす。お米がツイストを踊ってみせたり、どけちな夫・がね政からへソクリを取り上げる作戦を娘に指南する場面もあって、肥後にわかも商業喜劇ばりに、洗練されていったようにも思える。

また、キンキラ劇団が今も続ける「初笑い公演」では、陽子団長が「親子のＤＮＡ」「一家団乱」「マンション計画」などと題した新作台本を毎年書き下ろしている。

「マンション計画」は檀家《だんか》が減ったため墓を壊してマンション建設を図った住職を、墓から出てきた荒川やキンキラ健太など往年のにわか師の幽霊がドタバタいさめる話で、会場の笑いを呼んだ。

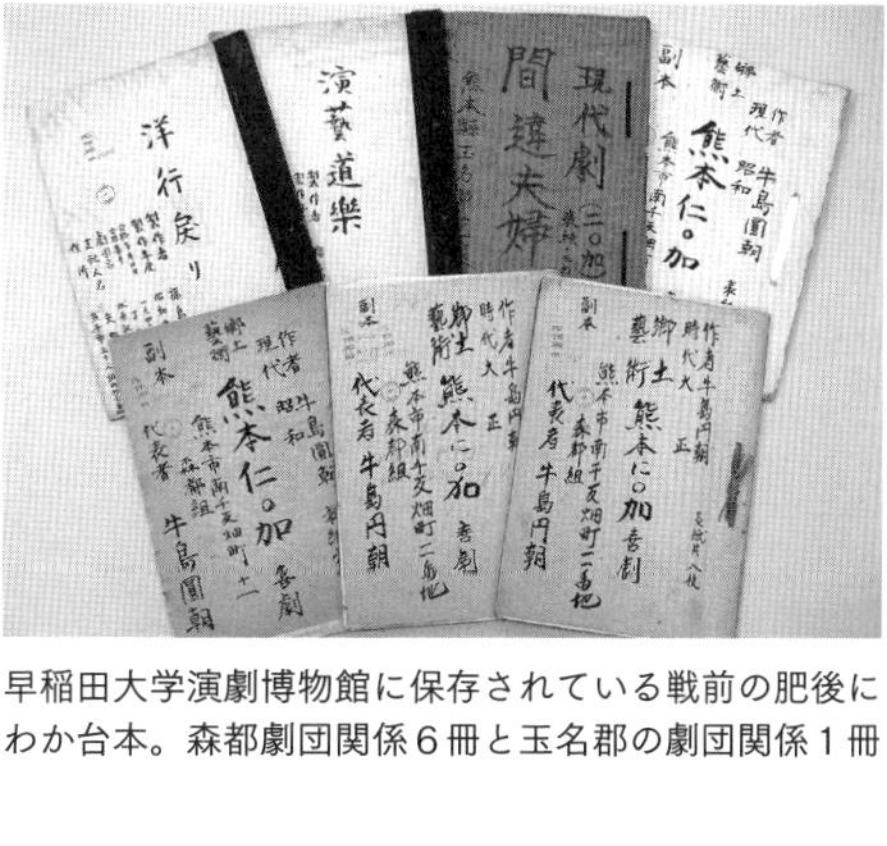

早稲田大学演劇博物館に保存されている戦前の肥後にわか台本。森都劇団関係6冊と玉名郡の劇団関係1冊

こうして見ると、にわかの筋に込み入ったものは少ない。それも、家族の間でひと騒動起こっては最後に丸く収まるお定まりがほとんど。ストーリーの意外性に欠けると言われても仕方ないだろう。

ただ、陽子団長は「にわかの笑いは本来、台本そのままじゃなくて芸人個人が作るもの。話の筋は、誰にでも通じるよう分かりやすいものがよかつです」と言う。

当意即妙

例えば、「三十年目の恋」のお米、がね政の再会場面。がね政が台本にはない足腰震わすじいさん姿で登場すると、お米は「結婚話ばイヤイヤて首ば振りよったらこがんなった」と、首をゆらゆら揺らす姿で対抗して爆笑を誘ったという。

実は、戦前の検閲台本を見ても、あまり面白くはない。しかし舞台では、荒川たちのように機転を利かせて笑わせたはずだ。その〝当意即妙〟さこそにわかの真骨頂。それは、楽譜にないアドリブが魅力のジャズの演奏に似ているかもしれない。

そして、歴代の台本を見れば、筋はシンプルでも「戦争」や「外国のぼせ」「ツイスト流行」「墓じまい」といった、その時代、その場所ならではの「空気」があふれていることに気付く。

「今ここ」にある話題を方言たっぷりに見せられれば「そうそう、あるある」と観客の共感を呼ぶだろう。そこに機転を利かせて、ここぞとばかりに仕掛ける。それこそが「にわかの笑い」というものなのかもしれない。

こうしてみると、その時代、その場ならではの空気をたたえた台本（筋）は、たとえ面白みに欠けて見えても、「にわかの笑い」を支える〝発射台〟の役割を立派に果たしてきたと言えそうだ。

昭和28年にラジオでにわか放送が始まってから、にわかに台本が書かれるようになった。写真はラジオ、テレビで活躍したばってん劇団メンバー

◆ひとくちにわか「そんくりゃァ」

にわかの台本そのものを紹介したかったが、長文でとても全文掲載は無理。そこで宮村嘉青さんが平成10年に作った「ひとくちにわか」を紹介することにした。にわかのエッセンスが十分感じられるはずだ。宮村さんの作品はブログ「なんさま肥後にわか」にも多数掲載中。ブログの検索窓で「ひとくちにわか」で検索を。

＊　＊　＊

彦一「どうかご隠居、和歌山カレー事件な」
隠居「ほんなこて、夫婦やき保険金詐欺の何のてろ、聞いたばかるで身の毛の逆立ちする」
彦一「ところで向こうのカレー食堂の店屋さんタイ。さぞう困らしたて思うタイな」
隠居「そらいろいろて障りん出たろうな」
彦一「そるでな、熊本ん店屋はどぎゃんだろか。ひょっとすっと値引きどまぁしてなかとて食いや行たもん」
隠居「おいそらァ主が考えは甘すぎるぞ」
彦一「そんとおりタイ。俺があんまり甘かったもんだけん、食うたカレーのその辛さ。おまけに千円も取られち来た」
隠居「食うて来たつだもね。そんくりゃあ良かほうタイ。おら畑仕事っでクワんとっぺん先ばうちきャァだけん研ぎや持って行ったら、クワん（食わん）先ィ千円取られた」

にわかから明治の新演劇創る

川上音二郎

にわかの取材を続ける間、いわゆる普通の演劇と何が違うのかが気になっていた。演じる姿は似ているが、そもそもの在り方自体が違うような…。まずは、肥後にわかと共演経験のある演劇関係者を訪ねてみた。

「演劇は決められたせりふがあるが、にわかは自由なアドリブや掛け合いで笑わせる。私たちがふだん目指すものとは違う世界だが、魅力は感じる」とは、結成50周年を迎えた市民劇団「劇団石」代表の堀田清さん（70）だ。

「劇団きらら」代表の池田美樹さん（56）は「にわかの人は即興性や観客に向かう姿勢、気迫がまったく違う。作品性に集中しがちな演劇人には、ぜひ経験してほしい。演劇の力になるといつも言っているんです」と語った。

にわかに方言やオチがあることを別にしても、両者は「似て非なるもの」とみる一方、にわか演者たちの即興的な対応力には注目しているようだった。

整理すれば、演劇は作者が書く戯曲（台本）を中心に演出家の解釈で役者たちの演技を組み立て、複雑な世界を構築して観客に訴えるものと言えるだろう。同じ作品なら毎回、深まりこそすれ、ほぼ同じ演技が見られるはずだ。

にわかは、もともと台本のない口立ての世界。簡単な設定と筋書きを決めた後、演者たちが稽古で自由に組み立てる。何より、客席に素早く反応して自在な掛け合いで笑わせるのが真骨頂。同じ外題でも同じ演技はあり得ない。

明治半ばに産声

こうした違いはどこから来たのか。そもそもにわかは古来のまつりの中で生まれ、江戸末期にはプロの舞台芸能として成立していたが、日本の近代演劇は、明治半ばに政府が欧化政策を展開する中でようやく産声を上げたものだった。

オッペケペー節を披露する川上音二郎（次郎）の刷り物＝明治24年

日本の近代演劇の成り立ちに迫った「演じられた近代」（兵藤裕己、岩波書店）などによると、明治18（1885）年に成立した初代伊藤博文内閣は不平等条約の改正を目指し、西欧並みの文明国家であることを示すため欧化政策に取り組む。その中でさまざまな社会改良が叫ばれ、江戸時代の演劇―歌舞伎もやり玉に挙げられた

政府高官や財界、学会大物が結成した「演劇改良会」の趣意書（明治19年）を見れば、考えがよく分かる。

〈今や我邦の演劇《しばゐ》は猥褻野鄙《わいせつやひ》にして紳士淑女の眼に触る可らざるもの極めて多し…（中略）…優美と快活とを兼備へ楽しんで淫《いん》せず和して流れず上等社会の観に供して恥る所なきの域に達せしむべし（後略）〉（前書から引用）

歌舞伎界でも九代目市川団十郎らが新時代に合わせたザンギリものに挑んだりした。しかし、歌舞伎改良は潮流にはならなかった。新たな演劇を実現させたのは、自由民権運動から生まれた「壮士芝居」や「改良演劇」と呼ばれる舞台。〝主役〟は川上音二郎だった。

音二郎らは困窮にあえぐ庶民に自由と民権を分かりやすい口調で訴えた。やがて日清戦争などの社会事象を素早く舞台化して人気を呼ぶ。そこから「金色夜叉」などで知られる「新派劇」も誕生。そうして現在の「新劇」につながる歴史をたどっていく。

オッペケペー節

こう見ると、まつりから出たにわかと演劇の色が違うのは当然に思える。しかし、そこには意外な事実が隠れていた。音二郎の新演劇の原動力となったのは、実はにわかだった。その〈にわか式の演技が、明治20年代の新演劇の成立に多大な影響を与えた〉（前書）のだという。

〈オッペケペッポーペッポポッポー　権利幸福嫌いな人に　自由湯をば飲ましたい…（中略）…政治の思想が欠乏だ　天地の真理が分からない　心に自由の種をまけ　オッペケペー　オッペケペー〉

音二郎は博多出身で明治10年代に痛快に政府を批判するオッペケペー節で人気を呼んだ民権運動家。演説を禁じられると芸人の鑑札をとって舞台に立った。

そのころ関西では新聞ネタを舞台化する「新聞にわか」が大流行。音二郎はその手法を採り入れ、社会事象をネタに日常の言葉遣いで演じる「改良にわか」で打って出た。演劇には台本の検閲があったが、台本のないにわかなら素通りできることも狙ったのに違いない。

上通商栄会有志と熊本演劇人が共演した肥後にわかに出演した「劇団石」の堀田清さん（右）＝平成30年

しかも、音二郎の父専三は博多にわか鬼若組のおはやしを務めた人物。音二郎のにわかは借り物ではない。博多にわかに詳しい故井上精三さんは著書「博多にわか」（福岡市観光協会）で〈子どものときから、博多にわかの痛快さ、面白さを知っていただけに、この新形式の演劇を組織したのである〉と書いた。

笑いの「万能細胞」

やがて音二郎は妻で日本初の女優貞奴とともに初の世界巡業に乗り出し、西洋風劇場の建設、俳優養成所の設立、歌舞に頼らない〝正劇〟の実現、初の新聞小説の舞台化などの偉業を次々と達成。ほら吹きとやゆされたりもしながら、今や〝日本近代演劇の祖〟として再評価されている。

その音二郎を「にわかの可能性を行き着くところまで体現してみせた人物」と語るのは、博多にわかにも詳しい福岡の演劇評論家梁木靖弘さん（68）だ。「博多でにわかはただの素人芸だが、外に出て大きく育てた」とも。

梁木さんは、にわかとは「喜劇の胚珠」―笑いの「種」や「万能細胞」のようなものとみる。「子どもが面白がってウンチと言う、あれと同じ」。つまり、人を笑わせ自分も楽しもうとする衝動のことだろう。にわかが笑いの「種」だとすれば、古代の滑稽寸劇や平安時代の風流芸、江戸時代の狂歌や造り物など、にわかと同根とされる種々の芸能や文芸も、にわかの精神から生まれた「花」だとみなせそうだ。

そう考えることが許されるなら、「日本の近代演劇」も、西洋劇という見本の下に、にわかという「種」が明治期の日本で花開かせたものと言っていいのかもしれない。

現代の演劇人がにわかに一種の魅力を抱いているらしいことも、「種」に寄せる思いだと解釈すれば、うなずける気がしてくる。

博多・川端通商店街入り口にある川上音二郎像

◆新演劇の創始者は角藤定憲か？

「劇団新派」の公式サイトでは、新派劇の歴史の始まりに角藤定憲《すどうさだのり》による明治21（1888）年の「壮士芝居」を置き、音二郎はそれを発展させたとして、ともに「創始者」と紹介している。しかし、「演じられた近代」で兵藤裕己さんは、明治20年5月の音二郎の「改良演劇」興行を示して〈新演劇への模索は角藤よりも以前に（中略）川上によって行われていたことはたしかである〉と指摘。「近代劇のあけぼの」（倉田喜弘、毎日新聞社）も同様の視点に立って、新演劇を生んだ音二郎の活動を高く評価している。

◆肥後にわかはブラジルサッカースタイル？

2016年に熊本で「よしもと南国劇団」を立ち上げた吉本新喜劇出身の安井まさじさん（38）は、肥後にわかについて「根本は大阪の吉本新喜劇といっしょだが、微妙に違う」と指摘。サッカーに例えて「吉本がパスを回すドイツなら、肥後にわかはどっからでも攻撃できるブラジル。幅広いアドリブ力がすごい」と語る。また、「熊本が笑いに温かいのは、にわかの伝統があったから。吉本の先輩にも熊本出身者がいるし、新喜劇にもにわかの影響があるのかもしれない」とも話している。

◆にわか的なイタリア喜劇

演劇評論家の梁木靖弘さんには16世紀にイタリアで生まれた即興の仮面喜劇の研究書を翻訳した著書（「コメディア・デラルテ」、未来社）がある。このイタリア喜劇を取り上げたのは、同様に半面を付ける博多にわかの作り方とよく似ていることに気付いたからでもあるという。なるほど（1）作者がいない台本を役者たちが共同で練り上げる（2）セリフは役者任せ（3）上演ごとに観客の反応を見てセリフを変える（4）ずる賢い召し使い、えらそうで好色な商人など類型的な登場人物—など、読めば読むほどにわかとそっくりだ。にわか的な喜劇は国内にとどまらず、世界中にあるのかもしれないと想像が膨らんでしまう。

新番組やオペラ

下火の中で新たな試み

しばらく、「造り物」や「祭り」「おてもやん」など、にわかと深いかかわりがあるテーマを掘り下げてきたが、話を歴史に戻し、肥後にわかが下火になって久しい平成の時代に生まれた新たな動きにスポットを当ててみたい。

戦後の熊本のにわかは、昭和28（1953）年に始まったラジオの公開録音番組で「ばってん劇団」の人気が沸騰したことから本格的に動きだした。しかし、高度経済成長で社会が変化する中で40年代には下火になる。再興を訴え続けた蓑田又雄団長が平成4（1992）年に亡くなり、一つの時代が終わったように見えた。

ただ、その頃から新しい動きが現れる。平成6年には若手の新劇団が誕生。さらに、狂言やオペラににわかを取り入れる大胆な試みも現れた。13年からは特別編成のにわか劇団が県内を巡るテレビ番組が始まり、久しぶりに茶の間の話題となった。

まずは、新劇団結成のいきさつから紹介しよう。

「舞台の出番待ちばしとった時ですタイ。『これまでのにわかの枠にとらわれんで、新しか波ば起こさんや。何かしょい』て（ばってん）城次に言うたら、『そりゃ面白かね』てなったっですよ」

こう話すのは地元番組の司会者としてもおなじみのタレント大田黒浩一（62）。学生の頃に、テレビ・ラジオでも活躍していたばってん荒川に「面白かとのおる」と見いだされて放送の世界に入った。同時に「にわかばせんかい」と誘われ、2人で舞台に立ってきた。

その大田黒が1歳下の城次に声をかけたのが平成6年3月、36歳の時だった。団員集めのオーディションを開くと黒木よしひろ、樫山ひろ子ら放送仲間のほか農家などから人が集まった。こうして若手を結集した劇団「きゃあ」が誕生。令和2年はコロナ騒ぎで中止となったが、自主公演も32回を数えるまでになった。

20回目の定期公演に向けて意気込む劇団「きゃあ」メンバー＝平成18年、熊本市

「当時は大先輩への遠慮もあって、簡単に〝にわか〟ては言いづらかったっです。そっでも気持ちはにわか。にわかの要素を入れながら、面白さを第一に、禁じ手なしで新しかことをどんどん取り入れてきました」

イタリアでオペラ

そんなにわかを、もっと大胆にオペラや狂言などと融合させてみせたのは、元県環境公害部長、教育長、県立美術館長というお堅い肩書を持つ旧富合町の佐藤幸一さん(86)だ。

早稲田大で演劇研究で知られる河竹登志夫氏に学び、肥後にわか風のシナリオを褒められて熊本弁とにわかの魅力を再認識した。県職員となった後もにわか台本を書き、にわかを基にしたオペラや狂言の世界にまで踏み込んだ。

「『にわかは演劇の大本。にわかを応用すれば他のジャンルでも立派に使える』という河竹先生の言葉を実践してきた」と言う佐藤さん。平成７年に彦一民話を題材にしたオペラ「かっぱの河太郎」、８年にオペラ「おてものバッテン嫁入り」、９年には熊本弁のにわか狂言「狸汁」など意欲作を次々と発表した。

「狸汁」は全国アマチュア演劇大会（東京）でも上演、「河太郎」は熊本シティオペラ協会の手でイタリアにも渡った。こうした活動の功績で日本アマチュア演劇連盟から表彰された。

佐藤さんは「私の願いは、今の社会を反映した若い人向きのにわかを興していくことです」とにこやかに語ってくれた。なるほど、従来のにわかとはひと味もふた味も違う新たな可能性を示してみせたと言えるだろう。

全国アマチュア演劇大会で笑いを呼んだ、にわか狂言「狸汁」の舞台＝平成12年９月

「熱血ジャゴ一座」

「あんたら若者が残って（牛深の海を）守ってくるるなら、あ、めでタイ、めでタイ～」。お米《よね》ばあさん姿のばってん荒川が見えを切るようにオチを決めると、舞台は一転、ハイヤ節の踊りの輪に埋め尽くされた。平成13年４月から始まったＲＫＫテレビ「熱血ジャゴ一座　只今参上！」の第１回放送「牛深イワシ漁一代」のひと幕。収録ビデオを見ると、牛深総合センターでのにわか舞台を中心にロケを交えた番組には、地域の誇りと住民の熱気があふれていた。

番組を立ち上げた元熊本放送ディレクター村上雅通さん（66）は「全国放送にかかわるうちに、ふとしたことから地域文化の衰えに気付き、テレビにもその責任の一端があるのではと考えるようになったんです」と語る。

地域に出向いて住民とともににわかの舞台を作って地域の文化を発掘する―。そんなコンセプトにばってん荒川が乗った。そして大田黒浩一と民謡歌手の西村直子、田中祥子の4人をレギュラーに、平成18年まで県内33市町村を回った。

まずはディレクターが現地に出向く。持ち帰ったネタを放送作家が練り上げる。キンキラ健太、陽子らベテランや地元からの出演者も交えて稽古を数回。完成まで2、3カ月はかけた。埋もれた民謡なども発掘。それが番組後の祭りで使われるなど、確かな手応えがあったという。

「地域の人たちに本当に喜んでもらいました。全94市町村（当時）を回る計画でしたが、荒川さんが病気になられて続けられなくなったことは残念でした」と村上さん。しかし、番組は民間放送連盟賞も受賞。参加住民の中から今もプロのにわか舞台に出演する人まで現れた。

このほか平成15年には15団体が出演して「第一回肥後にわかアマチュアコンクール」が熊本市の県立劇場で開かれ、玉名の伊倉仁〇加保存会が優勝。同会は翌年、博多や美濃のにわかも呼んで「全国にわか交流大会」を開催するなど、従来にない多彩な活動を繰り広げた。

実は、以前から疑問に思っていたことがある。大阪や博多、佐賀などにわか先進地でプロの活動がほとんど消えた今も、なぜ熊本にはプロを筆頭としたにわかの灯が確かに残っているのだろうか？

改めて近年の歴史をたどった今なら、少しばかり自信を持って答えられるような気がする。それは、にわかが下火になった後もにわかの楽しみを忘れず、にわかの力で地域や住民を元気づけようとあちこちで新たな活動が展開されてきたからだと―。

牛深市民センター（当時）で開かれた「熱血ジャゴー座」の第1回公演「牛深イワシ漁一代」の舞台。左ばってん荒川、中央キンキラ健太＝RKK提供

◆松村コージさんの「ばってん荒川論」

ＲＫＫテレビの「熱血ジャゴ一座　只今参上！」の脚本を担当したのは放送作家の故松村コージさん。松村さんは長年、ばってん荒川の舞台台本も任され、「ジャゴ一座」開始の８年前、熊日に「ばってん荒川論」を書いている。その中で松村さんは、地方の「笑い」が発展しないのは芸人が観客の作ったイメージにもたれているためと厳しく指摘した上で、荒川は「イメージを超えた新しい笑いに挑戦しようとしている」として熱い期待を寄せている。改めてコンビを組んだ「ジャゴ一座」でも新しい笑いに挑戦したのかもしれない。

◆佐藤幸一さんの肥後にわか脚本集

佐藤幸一さんが作ったにわかやオペラの脚本は本や冊子にもなっている。手元にも「いきなり談語」のタイトルで熊日に連載したにわか20話をまとめた「風刺　肥後にわか20話」（平成7年）、にわか以外に狂言「狸汁」、オペラ喜歌劇「かっぱの河太郎」なども収めた「肥後にわか噺《ばなし》」（10年）、オペレッタ「おてもの結婚行進曲」（15年）の３冊がある。「肥後にわか20話」では「地方文化のすすめ」と題した当時の熊本演劇人協議会会長の故渡辺恭士さんの一文も興味深い。

素人劇団

今も変わらぬ演じる喜び

令和元（2019）年12月1日午後。温泉客でにぎわう合志市の市総合健康センター「ユーパレス弁天」の大広間には笑い声が絶えなかった。舞台には熊日生涯学習プラザの肥後にわか講座の受講生たち。その熱演を約200人の老若男女がうれしそうに見守っていた。

講座が始まって3年半。メンバーは学ぶだけでは飽き足らず、各地に出かけて舞台に立って弁天出演も3回目。素人集団とは思えない繁盛ぶりだ。とはいえ、もともとにわかは素人が主役。素人が演じて、素人が笑う。それが本来の姿だったはずだ。

例えば、九州日日新聞によると明治36（1903）年の熊本招魂祭には、利幸商や運船組といった人気のプロに混じって、「池田村上田嘉平列十名」「京町近野金義列十一名」など、素人らしい団体が多数繰り出している。

熊本のにわかは当時、俄踊《にわか》りと呼ばれ、仮装や滑稽踊りなども混えて繰り出していた。しかし、上田嘉平列は「夫婦争ひ」、近野金義列は「嬶《かか》に相談浮気の巡回」などと演題が紙面に紹介されており、今と同じ笑いの芝居に近いものだったと思われる。

祝い事に付き物

こうした素人にわかは、荒尾から阿蘇、天草にいたるまで全県で普通に見られた。それも、祭りだけでな

大広間いっぱいの観客を笑わせた熊日肥後にわか講座生によるにわか舞台のフィナーレ

く道路や橋の開通、開校、戦争祝勝会など祝い事に付き物のように登場。各地の〝のぼせもん〟が笑わせたのに違いない。

しかし、素人にわかの隆盛は昭和40年代に終わる。高度成長で地域から若者が減り、祭りがすたれたせいだ。各地のにわかも次々姿を消した。この20年間の熊日記事を見るとまだ30組ほどのにわか記事が見つかるが、今ではその多くが姿を消したようだ。

たびたび紙面で紹介されていた小国町の「いもだいこん」や阿蘇市の「なべづる劇団」なども活動停止。数年前に解散したという菊池市の劇団「にゃあ」の平直樹さん（43）は「商工会の青年部で10年ほどやったが、家庭や仕事で忙しい年齢になって続けられなくなった」と残念そうに語った。

そんな中でも今なお活動を続けるグループはいる。昨年、国選択無形民俗文化財になった高森にわか（高森町）や全国交流大会まで開いた伊倉仁〇加《にわか》（玉名市）は別格として、そのほか数団体が頑張っているようだ。

昔ながらの青年団によるにわかを続けているのが和水町青年団（24人）だ。35代団長の松尾修さん（55）によると、旧三加和町時代は自前の「青年祭」で笑いを競ったが、団員減のため約20年前から町主催の「戦国肥後国衆まつり」に舞台を移して伝統を守っているという。

令和2年の祭りで元気を振りまいた第65代団長の広田拳士さん（27）は「にわかは青年団の伝統。オチもない自己流ですが、内容は自分たちで考えました」とうれしそうに語った。

熊本市植木町の「劇団U」（山隈三吉会長、20人）は「（西南戦争の戦跡）田原坂の歴史を分かりやすく劇で紹介しよう」と平成5（1993）年に住民らで結成。活動は演劇とにわかの2本立てで、地区の暴力追放大会でにわかを披露するのが恒例という。

山隈さんは「劇と違って、にわかは筋が飛んでもアドリブで通せる。笑いで会場と一体になれるし、にわかのほうが楽しかかも」と笑う。

認知症サポーターも

にわかは高齢者の犯罪防止や福祉問題を訴える格好の手段ともなっているようだ。

山鹿市鹿本の「みんなで支え合おうかもと」（25人）は、市の認知症サポーター養成講座生が平成20年に結成した「せからしか劇団」から改名。年20回ほどにわかで認知症理解を呼び掛け、その功績で「熊日緑のリボン賞」も受賞した。

肥後にわかで詐欺被害防止を呼び掛ける「みんなで支え合おうかもと」のメンバー＝山鹿市

代表の安谷美智子さん（68）は「にわかだとお年寄りも興味を持って聞いてくれるんですよ」と笑う。合志市の市社協職員でつくる「はってん組」も毎月のように老人会などで認知症についてにわかで啓発しているという。

地域を元気づけることにもにわかは活躍している。熊本市の旧飽田町職員や住民が夏祭りを盛り上げようと平成16年に結成した「砂原劇団」（出口起秋座長、8人）は「飽田地区市民の集い」に毎年参加して住民を楽しませている。

高齢者向けイベントをのぞくと「今日の演題は3回目。慣れたもんです。時間ば長くせなんならどがしこでん延ばせますよ」（事務局長・吉田武さん）と堂々としたもの。団員数人は昨年のキンキラ劇団の公演にも出演した。

「なんさま好き」

「若《わ》っか人に地域の祭りに関心ば持ってもらおうと4年前に有志で始めた」と語るのは「辛崎にわか」を立ち上げた熊本市の春竹校区14町内自治会長の西本義春さん（73）。祭りの日の辛崎神社は懐かしい〝村祭り〟の雰囲気があふれていた。

そして、〝好きもん〟が集まったのが冒頭のにわか講座か。「好きでたまらん人ばかり。稽古もたいぎゃ楽しそうにさすとですよ」と指導に当たる、ばってん城次もうらやましそうに語る。

中でも山都町馬見原で精肉店を営む宮部博文さん（60）は筋金入り。今ではすたれた地元のにわかを見て育ち、商工会青年部でにわかを復活させた。それも消えるとプロの舞台を追い掛け、ばってん荒川の通夜に駆けつけたほど。

「なんさま好きだった。だけんでしょう。講座のお知らせを見た家内から『あなたはいつか舞台に立つ。行きなっせ』て言われてですね」

かゆいところに手が届くような熊本弁で客席と一緒に笑いに包まれる。「あの感動が忘れられん。今じゃ舞台に出る時の気分はプロですよ。ますますはまってきました」とうれしそうに笑う。

ここまではいかなくとも、にわかを経験した人はまだまだいるはずだ。1回きりで終わったり、知らぬ間にまた仲間を募ったり…。いったん消えても、やがてまた復活したという例も少なくない。思い立ったら気安く楽しめるのも、にわかならではだろう。

数は減ってしまったが、今でも普通の人たちが昔のように、にわかを演じて楽しんでいる。そんな姿を見ていると、いつの間にか受け身の娯楽に慣れて、自ら演じる喜びを忘れてしまっていたことが、少しばかり残念に思えてきた。

肥後にわかを演じる「劇団にゃあ」＝平成23年、菊池市

素人劇団「いもだいこん」の稽古風景＝平成元年、小国町

西湯浦八幡宮大祭を前に練習に励む「なべづる劇団」＝平成27年、阿蘇市

◆「なぜ今にわか？」ミニアンケート

熊日にわか講座の受講生を対象にミニアンケートを実施した。「なぜ今にわか？」の問いへの答えは次の通り。「人を笑わせる事の楽しさ」（合志市、女、69）、「若い頃から演じることをやってみたいと思っていた」（熊本市、男）、「演じることが楽しい。面白かったと言われるとうれしい。費用をかけずにボランティアができる」（熊本市、男、63）、「本当の意味での熊本の良さ、郷土愛を広く浸透させたいと思うから」（熊本市、女、76）、「先生も生徒さんもいい人ばかりで若返るから」（熊本市、女、85）、「好きだから」（山都町、男、60）、「生活に笑いを増やしたいと思ったのがきっかけ。笑っていただくことが喜びになった」（熊本市、女）。

プロ劇団

「まぁだ十分、興行成り立つ」

これまでにわかの歴史や周辺をあれこれめぐってきたが、ようやく現在の「肥後にわか」にたどり着けそうだ。

肥後にわかとは何か。広い意味では熊本のにわか全体を指すこともあるが、厳密には戦後のラジオ放送で脚光を浴び、「ばってん」「森都」「キンキラ」の3劇団を中心に県内の祭りや催事に欠かせない存在となった熊本のプロのにわかのことと言っていいだろう。

昭和30年代に全盛を迎えたが、社会を変えた高度成長期の昭和40年代に下火に。やがて第一世代が舞台を去る中、プロ劇団が姿を消した福岡、佐賀を横目に、熊本ではなんとか伝統が守られてきた。

その現在の姿を確かめようと令和2（2020）年1月、熊本市の熊本城ホールで恒例の「キンキラ劇団初笑い公演」をのぞいた。会場前にはあいかわらず早朝から並ぶシニア層の姿。舞台が始まると団長のキンキラ陽子、一太、大田黒浩一らの息の合った掛け合いに満席の客席はいつものように笑い声で沸いた。

その大田黒とばってん城次らが組織した「劇団きゃあ」の3月の公演も見る予定だったが、コロナ騒ぎで中止に。ただ、若手の漫才や、歌のコーナーも交えて元気にあふれた以前の舞台の様子は記憶に残っている。客席も「初笑い公演」より若かった。今回もそんな舞台を見せてくれたはずだ。

さらに、先着1000人観覧無料をうたって注目を集めた同月の「劇団肥後仁〇伽」公演も中止の憂き目に。森都かおる座長はじめ、ばってん城次、チビ子らベテラン勢を集めたにわかに、座長の歌謡ショーを加えた〝昭和〟の空気満載の舞台が予定されていた。落胆したファンも多かったことだろう。

いまだ廃れず

いずれもコロナ騒ぎさえなかったら大いににぎわったはずだ。往年の人気とは比べようはないだろうが、下火と言われながらも、にわかの笑いはしっかり生き永らえてきた。〝肥後にわか、いまだ廃れず〟と言いたくなる。

改めて各劇団の足跡をたどると―。ラジオ放送でにわかブームの火をつけた「ばってん劇団」は、平成4（1992）年に蓑田又雄団長が死去。その後劇団は解散したが、ばってん太郎（平成29年死去）、チビ子、城次ら団員はタレントや副業をしながら他劇団の舞台や祭りなどでにわかを続けてきた。

「ばってん」出身のばってん荒川は、にわかのお米ばあさん姿のまま、歌や映画に活躍の場を広げて肥後にわかを大いにアピールし続けたが、平成18年に亡くなった。その荒川に見いだされた大田黒はラジオ、テレビの司会者などとして活躍する一方、城次とともに若手劇団「きゃあ」を結成して新たな風を吹かせた。

戦前の名人運船利平の流れを組む「森都」は平成17年、蓑田らと人気を競った3代目団長森都三千蔵が倒れ、めいの加代子が引き継いだ。伝統のまげ物、人情物を中心に活動を続けたが、現在は活動が途絶えがちだ。

その代替わり時に「森都」から独立した森都かおるは「所属にこだわらず一緒ににわかをしたかった」と新劇団を結成。ベテラン組を集め、各種団体の主催イベントで盛んに活動している。今もっとも活発な劇団と言えそうだ。

「キンキラ」は初代おてもが昭和50年、夫健太が平成24年に亡くなり、幼い頃から舞台を共にした娘陽子が継いだ。陽子は健太らが大切にしてきた「初笑い公演」を復活させて舞台を続ける。劇団からはテレビでも活躍する一太も育った。

忘れられん〝ほんな味〟

改めて思う。なぜ熊本にプロにわかの伝統が残ったのだろうか。「にわかの灯を消すな」と訴え続けた蓑田又雄の影響もあっただろう。生涯にわか姿を貫いたばってん荒川の強烈なイメージも大きかったはずだ。

そして、にわかを演じることに魅入られた人たちの存在を抜きには語れない。「にわかの灯を消したくなかとは、〝ほんなにわか〟の味が忘れられんからですよ」とキンキラ陽子は語る。その言葉は、にわかの担い手たちに共通する思いに違いない。

佳境に入った舞台で飛び出す熊本弁の「はぶて口」。とっさに切り返す相手役の「口変ぱく」。機転の利いたアドリブが観客の胸に共鳴、一瞬間を置いて沸き起こる笑いの渦―。軽快な掛け合いの末に起こる、舞台と観客が一体となった瞬間だ。

熊本の人間が、熊本の話題を熊本の言葉で気安く面白おかしく演じるから生まれる至福の瞬間が「ほんなにわか」の味か。その一瞬に向けたプロならではの芸。「練り込んだにわかばしたかなあ」と一太が時折言うのは、そんな舞台を思ってのことだろう。

ただ、いくら演じ手ががんばっても観客がいなければそんな瞬間は訪れない。肥後にわかが残ってきたのは、そんなプロの舞台を楽しみに待ち構え、共に喜ぶ多くの観客が熊本には確かに存在してきたからこそに違いない。

後継者が育たず

しかし今、にわかを取り巻く状況は決して明るくはない。担い手が減った上に、客席に若者の姿はまれだ。

何よりの懸念は後継者が育っていないこと。「それも無理はなか」とばってんチビ子が言う。舞台が減って、にわかだけでは生活できない。だから厳しく指導もできなければ上達もしない、と。

実はしばらく前「にわかの常設舞台ば作る話のあるとですよ」とばってん城次がうれしそうに語ったことがあった。後継者養成にもつながったはずだ。しかし、実現の連絡はなかった。「火事になってしもたっです。もうできんごてなった」。残念そうな城次にかける言葉がなかった。

「もうあせらん。なるごとなっどて思うしかなか」と言う城次。大田黒は「どぎゃんして残すか、尻に火がついとります」と力を込める。「何とかしたか。劇団の後を継いでくれる人がおれば…」と陽子。「ずっと続いてきたっです。私の代で消すわけには」と加代子も語る。そんな中で、かおるは「まぁだやり方次第で、にわか興行は十分成り立つ」と意気軒高だ。

将来の話になると、みな口が重い。しかし、まだ頑張れるはずだと踏ん張っている。「にわかを楽しみに待っていてくれる人たちがまだおらす」。そんな思いを胸に秘めて、伝統を担い続けているのに違いない。

現在も活躍する肥後にわかの主な担い手を紹介しよう。

森都加代子（鎌田加代子）

昭和14年生まれ。「森都劇団」4代目団長。普通の主婦だったが、おじで3代目団長の森都三千蔵に誘われて30代で加入した。現在は本格的な活動は停止中だが、他劇団でいなせな踊り姿を見せることも。

ばってんチビ子（松川節子）

昭和15年生まれ。母と共に大衆演劇や漫才を経験。20代初めに「ばってん劇団」に加入、元気なおても役で人気に。昭和30年代の東京・浅草公演にも同行。現在は結婚して酒屋の店先に立ちつつ舞台にも登場。

キンキラ陽子（田中陽子）

昭和19年生まれ。「キンキラ劇団」団長。初代おても（高士貞子）の次女で、少女の頃から舞台を踏み、テレビ、映画でも活躍した。平成25年から「初笑い公演」を復活させて、にわか存続に尽くしている。

森都かおる（塚本正春）

昭和23年生まれ。「劇団肥後仁○伽」座長。京都で俳優修業し、イベントの司会などをしている時に「森都劇団」に誘われ、平成元年に襲名。歌手としてもデビューし、舞台では早変わり歌謡ショーも披露する。

大田黒浩一

昭和32年生まれ。「劇団きゃあ」座長。ばってん荒川と「熱血ジャゴ一座只今参上！」（ＲＫＫテレビ）に出演するなど独自ににわかを学び、「初笑い公演」にも毎回登場。今も朝のラジオ番組などで活躍している。

ばってん城次（服部経泰）

昭和33年生まれ。「劇団きゃあ」副座長。東京で演劇を経験後、昭和57年に「ばってん劇団」に参加。チビ子とコンビの墓のＣＭで人気者に。はげズラのにわか姿でテレビでも長年活躍。にわか講座の講師も務める。

キンキラ一太（佐野公一）

昭和38年生まれ。20代後半にサラリーマンから転身して「キンキラ劇団」に入った〝元にわか追っ掛け〟。城次とコンビでイベント出演も多数。にわか姿でテレビにも出演し、独特の雰囲気を振りまいている。

にわかとは

時代が咲かせた笑いの花

「肥後にわか」の源流を訪ねてきたが、なんとか締めくくりの時を迎えたようだ。まだまだ道半ばの感が否めないが、とりあえず取材を振り返り、にわかとは何か改めて考えてみたい。

まず、にわかはいつ生まれたのか。井原西鶴の「好色一代男」を基に天和２（１６８２）年とする説と、大坂住吉神社の夏祭りで享保（１７１６～３６年）のころ生まれたとする「古今俄選《ここんにわかせん》」などの説があったが、どうやら享保説が有力のようだ。

当時のにわかは、祭りの往来で人々の「所望《しょもう》」の声に応えて頓知を披露する一発芸的なものだったらしい。やがて京都、江戸から全国に伝播《でんぱ》。幕末の大坂で玄人の舞台芸に発展して全盛を迎えた。

菊池の松囃子能でも

ただ、これは「にわか」と呼ばれるようになってからの話。〝にわか的な芸能〟となるともっと時代をさかのぼる。アメノウズメの神話はさておき、奈良時代に中国から伝わった散楽《さんがく》から中世に生まれた物まね芸・猿楽に原点を求める声が根強いようだ。

さらに〝俄《にわか》中興の祖〟を近世初期の「風流《ふりゅう》」にあるとみたのは、歌舞伎研究でも知られる故郡司正勝早稲田大名誉教授だ。「ふりゅう」とは、祭りに奉納する飾り物の豪華さを競ったり、派手な衣装で踊り狂ったりする精神を指す。

その精神の背景には厄災を神の怒りや死者のたたりとみた御霊信仰《ごりょうしんこう》があり、祭りが怒りをしずめる舞台となった。にわかも、災いを乗り越えようとした〝生きんがための笑い〟だったのかもしれない。

熊本県内では菊池の松囃子《まつばやし》能の余興として安永5（1776）年に、にわかが催されたとみられる記録が残る。農村では派手な雨乞い行列とともに見られ、熊本城下では清正時代からの「盆後踊《ぼんごおどり》」、続く細川時代の「殿様祭」という「お上」の祭りが舞台となったようだ。

ただ、にわかがいつどこから伝わったかは分からない。古くから商人や宗教者、芸能者らが盛んに各地を往来してきた。熊本から都に行き来した人もいたはずだ。そんな人々の手でいつしか定着したのだろう。

明治になると、陸軍などが主催した戦没者慰霊の「招魂祭《しょうこんさい》」が熊本のにわかの主舞台となった。ただ、各町から繰り出したのは滑稽踊りや仮装も交えた「俄踊り」だ。単なる余興として、芸能とはみなされていなかったが、やがて大阪や博多など先進地の影響で笑いの芝居へと姿を整えていく。

その中から運船《うんせん》利平《りへい》、利幸商《りこうしょう》らが人気を集め、玄人として県内の祭りをめぐるようになる。加えて、各地の庶民も各種催しで自ら演じて楽しんだ記録が残されている。

ラジオでブーム

玄人にわかは昭和初めの戦火でいったん途絶えたが、戦後いち早く復活。戦地で演芸会を開いていた蓑田又雄が昭和23（1948）年に「ばってん組（後に劇団）」を組織、ラジオ放送でブームを呼ぶ。「肥後にわか」と呼ばれるようになったのはそのころからだ。

「ばってん」は昭和38年、浅草の舞台を踏むなど脚光を浴びた。そして、運船の流れを組む「森都」、ばってんから分かれた「キンキラ」の3劇団が笑いを競った。

しかし、地方の若者を都会に吸い上げた高度成長期に人気は陰る。やがて博多や佐賀で玄人のにわか劇団が消えた。その中で熊本では３劇団の後継者がプロの灯を守り続けた。

その間、芸能や民俗の研究者らが平成７（１９９５）年に「にわか学会」を結成。埋もれていた各地のにわかを掘り起こし、かつて全国70カ所にあり、今も約20カ所で祭りの場の素人にわかが存続していることを明らかにした。

祭りをにわかと言う例もあったが、大部分は若者が祭りで披露する笑いの劇がそう呼ばれていた。そのうち高知・佐喜浜と岐阜・美濃、熊本・高森の３カ所が国選択無形民俗文化財に選ばれ、にわかの価値が見直されることになった。

学会代表委員の佐藤恵里高知県立大名誉教授によると、にわかは毎年新たな地域話題をネタに寄り合い談合で生まれ、方言で演じて再演しない、などの共通性があるという。

また、物語の筋よりも機転の利いた掛け合いで笑わせる〝客席との一体感〟を目指すことが多い。日本の近代劇は博多にわかと縁が深い川上音二郎から生まれたと言われるが、演劇とはここが違うように見える。

生命力そのもの

にわかの足跡を訪ねる中で印象的だったのは「にわかは笑いの胚珠《はいしゅ》―種」という福岡の演劇評論家梁木靖弘さんの言葉だ。演じる行為ではなく、その精神に注目。「子どもがウンコと言って喜ぶあれ」とも言った。それを「笑わせようとする衝動」と言い直すなら、郡司名誉教授が「にわかは演劇のもっとも本質的な、もしくは初原的な要素」と語った意味もよく分かる気がする。

にわかの衝動は祭りの喧騒《けんそう》や幕末の「ええじゃないか」の騒ぎを引き起こす力にもなったとされる。つまり、にわか芝居は、生命力そのものとも言えそうなエネルギーが演技へ向かって生み出した〝原初の姿〟と言えるのだろう。

連載では、にわかに似たものとして造り物や仮装などにも注目した。笑わせようとする衝動が物に向かえば造り物に、姿形に向かえば仮装にもなったことだろう。

大阪にわかは明治後半に喜劇に姿を変え、にわかの「軽口」は、漫才の源流の一つとも言われる。にわかが何かの「種」と言えるなら、時代という「風」に吹かれて、新たな姿に生まれ変わっていくのも不思議ではない。

こう見ると、肥後にわかは「笑いの種」が「昭和」という風の中で、「熊本」の土壌の上に咲かせた〝花〟の姿に違いない。そして、当意即妙なにわかの味を残す独特の熊本弁喜劇として、今にあると言えるだろう。軽い気持ちで新聞連載を始めたが、にわかの足元には思いのほか多彩な〝笑いの水脈〟が広がっていた。そしてその水脈は、はるか大昔から時代を超えて庶民の心の中を流れ続けてきたように見えた。

そうした由来のにわかが、熊本には伝統芸能としてではなく、今を生きる大衆芸能として在り続けていることの貴重さ、ありがたさを感じないわけにもいかなかった。

そんな肥後にわかも、後継者難など将来が懸念されることは気掛かりだ。しかし、一方で、にわかの精神がやすやすと枯れてしまうとも思えない。なぜなら〝笑いの水脈〟は今も私たちの中に流れているはずだから。にわかが気恥ずかしくもどこか懐かしいのは、そのせいに違いない。

【戦後の肥後にわか人気を支えた人たち（いずれも故人）】

生涯、にわかの〝お米ばあさん〟姿で通し、肥後にわか一の人気者になった「ばってん劇団」のばってん荒川（米嵜一馬）

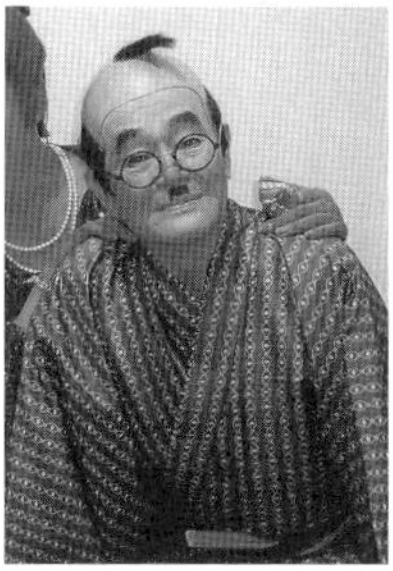

〝がね政〟役で活躍した「ばってん劇団」のばってん太郎（西村良吉）

肥後にわか界全体のまとめ役でもあった「ばってん劇団」団長の蓑田又雄

三千蔵団長の妻で敗戦舞踊が得意だったという「森都劇団」の森都房子（古閑房子）

まげ物を得意とした「森都劇団」３代目団長の森都三千蔵（古閑三千蔵）

初代〝おても〟として人気だった「キンキラ劇団」のキンキラおても（高士定子）

にわかの人気を支えた１人「キンキラ劇団」初代団長のキンキラ健太（高士健次郎）

肥後にわか関連年表

西暦（年号）	出来事
701（大宝元）年	朝廷が唐代の芸能「散楽」を学ぶ散楽戸を設置。782年の廃止後、散楽は民間に流出し諸芸と交わる
平安時代（794〜1192年）	にわかの祖先とされる滑稽物まね芸などの「猿楽」が京都の祭礼をにぎわす
1349（貞和5）年	春日若宮臨時祭で猿楽役者や田楽役者の指導を受けた巫女、禰宜が「能」を演じる
室町〜桃山時代（1336〜1600ごろ）	京都を中心に異相で踊り狂う「風流踊り」が盛んに行われ、仮装や練り物などでにぎわう
1400（応永7）年	能を大成した世阿弥が能楽の芸術論をまとめた「風姿花伝」の最初の3編を著す
1603（慶長8）年	「当代記」が出雲のお国が演じた「歌舞伎踊り」を記す。歌舞伎の誕生
1682（天和2）年	井原西鶴が「好色一代男」に京都島原での滑稽遊びを描く。後年、これをにわかの初めとみる説が出る
元禄（1688〜1704年）のころ	京に露の五郎兵衛、大坂に米沢彦八、江戸に鹿野武左衛門という3人の落語家の始祖が現れる
享保（1716−36年）のころ	「古今俄選」などが大坂住吉神社の夏祭りの往来でにわかが始まったと記す。造り物も大坂の臨時祭礼で盛んに見られるようになる
1752（宝暦2）年	高森町の「風鎮祭のしおり」が高森阿蘇神社で仁輪加があったと紹介
1756（宝暦6）年	にわかの演じ方などを記した初の俄本「清神秘録」が出版される
1775（安永4）年	菊池の歴代商人が残した記録「嶋屋日記」に、隈府町（菊池）の松囃子の通し物に「俄」の記載が見え始める
1797（寛政9）年	川尻町（現熊本市）で毎年夏に催された「盆後踊」に俄も出たと「肥後川尻町史」が記す
天保（1830〜40）のころ	大坂で「風流俄天狗」などの俄本を書いた職業俄師村上杜陵が活躍
同	博多で盛んに「盆にわか」が見られる
同	熊本藩が芝居小屋を白川下河原2座に制限。興行は春3月のみで、その他は寺社の祭りに付随する芝居興行のみ許す。他国からの1座入り込みは厳禁されていた
1857（安政4）年	熊本藩が鶴崎（現大分市）市中での「殿様祭」で俄を行うよう達しを出したと郡代中村恕斎が記す
1859（安政6）年	熊本で前年から悪病（コレラ）が流行し、悪病払いの「俄踊り」の隊列が鉦、太鼓を打ち鳴らして町に繰り出す
明治維新（1868年）前後	松本喜三郎の生人形が江戸、大坂で人気を呼ぶ

西暦（年号）	出来事
1869（明治2）年	熊本で初めて戦没者慰霊の「招魂祭」が行われ、昭和の太平洋戦争終戦時まで続く
1870年	雨乞いと称して村々から集まった群衆が殿様祭の開催を求めて熊本城下で勝手に俄踊りを始める
1876年	県の布達で遊芸を軍談、琵琶、操り人形など16に分類。にわかは含まれず
1877年～	西南戦争のころに川尻の盆後踊が消滅したと「肥後川尻町史」が記す。九州日日新聞は後に「招魂祭が始まってから盆踊りが俄踊りになった」と記す
1877年～	文明開化の影響で大阪で演劇改良の動きが起こって「書生俄」や「新聞俄」などが生まれ、鶴屋団十郎の「改良俄」が人気を呼ぶ
1879年ごろ	博多の商店主や職人による博多にわかの初の組織「鬼若組」が結成される
1880年	菊池神社祭礼に俄踊りが出ると熊本新聞が予告記事。山鹿温泉祭にも出たと記す
1886年6月	政府高官、財界関係者らが演劇改良会を結成
1886年	馬見原（現山都町）の火伏地蔵祭に、新聞記事を基にしたにわか「清国水兵の乱暴の一件」が登場する（新聞俄）
1887年4月	熊本招魂祭に俄踊り奉納の申し出があると熊本新聞に記事。以後、各紙が招魂祭の俄踊りの様子を詳報するようになる
1889年12月	民権運動家で「改良にわか」の興行もした川上音二郎のオッペケペー節が人気を呼び、「当世新版オッペケペー」と題する唄本を発表
1891年6月	川上音二郎が浅草・中村座で「板垣君遭難実記」などの「改良演劇」を上演して人気を呼ぶ
1892年2月2日	「大阪改良ニワカ」との触れ込みで大蝶社一座のにわかが熊本末広座で興行
1895年ごろ	日清戦争（1894～95年）後に肥後にわかが発生したとみられると「熊本県大百科事典」が記載。同戦争後初の招魂祭で運船利平とマチャンが当たり芸の「新兵教育」を披露したと「熊本名匠伝」が記す
1898年7月	鶴屋団十郎・団九郎一座が東京・明治座で「大坂二〇加一座」として興行
1900年10月	熊本市の二本木の仮小屋で博多にわかが興行。1901年には新鍛冶屋町の敷島座にも登場
1901年2月	熊本市の川端町末広座で九州大仁輪加と熊本仁輪加が合併した「九州大寄仁輪加」を興行。新派劇一座も加わる
1903年5月	九州日日新聞が、熊本のにわかの好敵手として「利幸商は軽妙をもって勝ち運船（利平）は滑稽をもって優る」と紹介。「近年は博多俄の按排《あんばい》が加わったので一段の進歩をしたのは良し」とも記す

西暦（年号）	出来事
１９０４（明治37）年2月	日露戦争（１９０４〜０５）開戦の年、曽我廼家五郎・十郎が大阪浪花座で「無筆の号外」を初演して大当たり。筋で笑わせる「喜劇」の誕生
１９０９年3月	大阪俄の鶴屋団十郎が死去。１９１６年には団九郎も死去し大阪俄はほぼ消滅。代わって喜劇盛んになる
１９２１年ごろ	東京浅草で田谷力三らの「浅草オペラ」が全盛を誇る
１９３０年5月	現代の「漫才」をつくったエンタツ・アチャコが大阪でコンビを結成
１９３３年	浅草で古川ロッパ、徳川夢声らが「笑いの王国」を旗揚げ
１９３５年	芸者歌手・赤坂小梅が「おてもやん」のレコードを発表
１９４１年	佐賀にわかの筑紫美主子が劇団結成
１９４２年1月	運船利平が死去、67歳。前年12月の大牟田三井炭坑への慰問興行が最後の舞台となる
１９４８年4月	蓑田又雄率いる素人にわか（ばってん組）が熊本日日新聞専属の「熊日にわか」として県内を巡る
１９４８年11月	「曽我廼家五郎劇」メンバーと曽我廼家十吾たちの「松竹家庭劇」、そして渋谷天外、浪花千栄子、藤山寛美らの「劇団すいと・ほーむ」が合体して「松竹新喜劇」が誕生
１９４９年1月	3日付の熊日に「肥後にわか」という呼び名が現れる。運船の流れを組む「森都組」が戦後すぐ活動を再開
１９４９年3月	熊日が48、49年に一般募集したにわか脚本を収めた本「肥後にわか」（吉原喜三郎）を出版
１９５３年10月	ラジオ熊本（現熊本放送）開局。早々に、ばってん組のにわか公開録音を放送。54年1月から熊本名店会、55年には瑞鷹《ずいよう》がスポンサーとなって定期放送され人気を呼ぶ
１９５４年10月	ラジオ熊本開局1周年特別番組として新作肥後にわか「東京の息子」を放送。ばってん劇団に加え三加和町出身の漫才師宮田容洋も出演
１９５６年秋	ばってん組を退団したミスばってん（おても）と健太が「キンキラ組」を旗揚げ。以後、「ばってん」「森都」「キンキラ」の3劇団を中心に、にわか人気が盛り上がる
１９５９年3月	うめだ花月劇場開場と同時に「吉本ヴァラエティ」として現在の「吉本新喜劇」が発足。出演者は花菱アチャコ、大村崑、佐々十郎ら
１９５９年4月	ラジオ熊本がテレビ放送を開始。7月から公開放送「お笑い肥後にわか」がスタート。初回は「当番兵の恋」
１９６０年3月	第8回民放大会記念番組コンクール九州地区大会の娯楽部門で「お笑い肥後にわか」が第1位に
１９６１年	博多淡海（2代目）の一座が東京・浅草の常盤座に出演

西暦（年号）	出来事
1961（昭和36）年7月	ばってん組が東京・日本橋三越の全国シイタケ物産展の余興に出演。東京初進出
1962年6月	ばってん組が熊本市黒髪に運船利平の墓を建立。マチャン組、沢田組、利幸商組関係者の墓参も行う
1962年6月	ばってん組が熊本市にさつま組（鹿児島）、博多玄海（福岡）、葉がくれ劇団（筑紫美州子一座・佐賀）を集めて九州にわか大会を開催
1962年	佐賀にわかの筑紫美主子一座が3月に東京浅草常盤座、4月に名古屋宝生座、9月に再び浅草常盤座に出演
1963年5月	ばってん劇団（この時改名）が東京浅草の松竹演芸場で20日間にわたってデン助劇団と競演し、人気を呼ぶ
1964年3月	ばってん劇団が小崎邦弥元熊日社長の追悼としてデンスケ劇団を熊本に招いて合同公演を行う
1967年5月	熊日が「すたれゆく肥後にわか」の記事掲載。11月には読売新聞熊本版にも同様の記事が載る
1970年1月	東京国立劇場で第8回民俗芸能公演「にわか」開催。2代目一輪亭花咲らの大阪俄、美濃流しにわか（岐阜）、博多にわか（福岡）が出演
1971年7月	熊日、熊本放送関係者らが中心になって「肥後にわか保存会」を結成
1970年6月	ばってん荒川が演歌「火の国一代」で歌手デビュー
1972年3月	ばってん荒川が熊本市上通に「お米寄席」を開設。本場の人気落語家らを招いたが、73年4月に閉じる
1972年4月	ばってん劇団25周年「九州にわかまつり」に筑紫美主子劇団、博多淡海劇団が参加
1972年11月	熊本市民会館で公募脚本による「ばってん」「森都」「キンキラ」3劇団による新作にわか発表大会を開催
1973年ごろ	宇土で長年続いた網田神社俄祭りが途絶える
1973年8月	宇土市民会館で肥後、博多、佐賀にわかを集めた「九州の笑い」公演。九州沖縄芸術祭の一環で佐賀、長崎、鹿児島、沖縄、宮崎を巡回
1975年	博多淡海が藤山寛美に招かれ松竹新喜劇に参加。地元劇団は解散
1975年10月	東京渋谷のテント小屋で開催された「田舎芝居」にばってん劇団（キンキラ劇団含む）が出演
1976年1月	ばってん荒川が大阪角座の新春特別興行にお米ばあさん姿で出演
1976年3月	ハワイ熊本県人会の求めで、ばってん劇団が初のハワイ公演。81年にも行う
1978年9月	肥後にわかの保存、育成を目的に3劇団が結束を固める「肥後にわか連合会」を結成
1981年1月	博多にわかの博多淡海（2代目）が死去、50歳

西暦（年号）	出来事
1981（昭和56）年2月	県内6団体が参加して熊本市で「第1回素人にわか大会」を開催。高森にわか向上会が優勝
1981年7月	大阪俄の一輪亭花咲（2代目）が死去、92歳。9月に落語家露の五郎が3代目を襲名
1982年4月	ばってん城次がばってん劇団に加入
1983年1月	波野村の青年が沈滞気分を一新しようと3年前に始めたにわかが人気を呼ぶ、と熊日に記事
1983年2月	菊池市であった青年祭で久々に若者による創作肥後にわかが披露され、再興に期待が高まる
1984年10月	肥後にわか保存会による後援会形式での初の3劇団合同公演が熊本市で開催
1985年7～8月	熊日で、ばってん劇団蓑田又雄団長の聞き書き「この人この道」を連載（25回）
1985年～（昭和60年代）	吉田新町（現南阿蘇村）の鎮火祭で若者によるにわかが復活
1986年4月	ばってん劇団40周年記念パーティーで蓑田団長が「後継者をつくるまで死ねません。肥後にわかを出す場所を作ってください」とあいさつ
1987年6月	大衆演劇の片岡長次郎一座と肥後にわか3劇団による「笑いと涙の合同競演会」が熊本市民会館で開催
1992年11月	岐阜県美濃市で大阪、博多からも参加して「全国にわかフェスタ'92」を開催
1992年6月	ばってん劇団の蓑田又雄団長が死去、74歳
1994年3月	大田黒浩一、ばってん城次ほか若手タレントらが劇団「きゃあ」を旗揚げ
1995年3月	玉名市伊倉で「伊倉仁〇加保存会」が発足
1995年10月	郡司正勝早大名誉教授の提唱で民俗、芸能研究者らによる「にわか学会」が発足
1995年10月	熊日で、ばってん荒川の聞き書き「芸ひと筋」を連載（35回）
1996年9月	佐藤幸一脚本、出田敬三作曲のにわかオペラ「おてものバッテン嫁入り」初演
1997年3月	熊本シティ・オペラ協会が佐藤幸一作の熊本弁オペレッタ「かっぱの河太郎」をイタリアで公演
2001年4月	RKKテレビで「熱血ジャゴ一座　只今参上！」の放送を開始。ばってん荒川、大田黒浩一らが2006年まで県内33市町村を巡って住民らとにわかを上演した
2003年4月	熊本県立劇場で県内15団体が参加して「第1回肥後にわかアマチュアコンクール」を開催、伊倉仁〇加保存会が優勝
2004年10月	蓑田又雄追善の「肥後にわか盛衰記」が熊本市民会館で開催。ばってん城次が蓑田を演じる

西暦（年号）	出来事
2004（平成16）年10月	玉名市の伊倉商店街で美濃、佐喜浜、博多などのにわかを招いて「全国にわか交流大会」を開催
2005年	森都劇団出身の森都かおるが肥後にわか新劇団を結成
2006年10月	歌やテレビでも活躍したばってん荒川が死去、69歳。熊本県は地域文化特別功労賞を新設して贈る
2007年8月	荒川の半生記「ばってん荒川　火の国一代」が上演され、大田黒浩一が荒川を演じる
2012年4月	ばってん荒川七回忌で、ゆかりの在熊タレントたちが荒川原案のにわか「さんばばあ」を演じる
2013年1月	キンキラ劇団が10年ぶりに「初笑い公演」を復活させ、キンキラ陽子、ばってん太郎、ばってん城次らが出演。以後、毎年恒例となる
2013年10月	佐賀にわかの筑紫美主子が死去、92歳
2016年10〜11月	熊日で、キンキラ陽子の聞き書き「にわか人生掛け舞台」を連載（37回）
2016年11月	肥後にわかの台本、小道具、幕、写真、ビデオなどを集めた「肥後にわか展」（熊日主催）が熊本市の新聞博物館で開かれ、キンキラ劇団などがにわかを上演
2019年3月	「高森のにわか」が国選択無形民俗文化財に選ばれる。佐喜浜、美濃に続き、にわかで全国3例目

あとがき

この本は、２０１８年５月から20年６月まで毎月１回、熊本日日新聞夕刊で続けた26回の連載をまとめたものだ。なんだかホッとしているのは、肥後にわかの存続を願い続けたばってん劇団団長の蓑田又雄さんの思いに、少しは近づけた気がするからだろうか。

我が家の本棚の上に、長年置かれたままの古い紙箱がある。中には、私が文化部にいた35年前、取材の際に蓑田さんから預かったままのスクラップや書きかけの半生記が眠っていた。申し訳ないことに、普段は仕事に追われて忘れていたが、何かの拍子にふと思い出しては「いつか本にしたか」と語った蓑田さんの言葉が蘇ってきたものだった。

亡くなられて29年。蓑田さんが願った形とは随分違うものになったかもしれないが、記者生活の最後にようやく宿題を提出できた気分だ。少しでも喜んでいただければうれしいのだが。

実は、連載はほんの数回のつもりだった。それが大幅に膨らんだのは、にわかの世界の奥深さ故にほかならない。にわかは歌舞伎の基になった？　日本の近代演劇もにわかが作った？　にわかの学会まであるの？　次々知った事実に、あたふたと驚きながら取材を進めてきた。

加えて、取材そのものが「どうしてにわかは懐かしいのか」「なぜ私たちは笑いを求めるのか」といった自分の心のルーツ探しにも似た作業に思えて、夢中になったのかもしれない。おまけにその作業の向こうに、私たち庶民がつないできた「ファミリーヒストリー」が垣間見えるような気までしてきてしまった。

連載を始めた時、ばってん荒川さんなど戦後の肥後にわか人気を支えた世代はほとんど亡くなっていた。もっと早く着手していればと悔やんだりもした。しかし、キンキラ陽子さんなどのにわか関係者、熊本大の安田宗生名誉教授、高知県立大の佐藤恵里名誉教授らの研究者、にわかを楽しんできた人たちなど多くの方々のおかげでなんとかまとめることができた。改めて感謝申し上げたい。

正確な記録を心がけたつもりだが、力及ばぬ点、勝手な思い込みがあるかもしれない。その点はおしかりを待つとともに、他日を期したい。

本文で触れたように、にわかの将来は決して安心できない。そんな中で、連載中に高森のにわかが国選択無形民俗文化財に選ばれ、にわかの価値が見直される瞬間に立ち会えたことは大きな喜びだった。本書が、若い世代が少しでもにわかに目を向け、古来から続く「笑いに込めた庶民の思い」を想像する一助となればうれしい。


２０２１年2月、にわか取材のわがままを許してくれた家人に感謝しつつ

▼主な参考文献

郡司正勝「地芝居と民俗」（岩崎美術社、１９７１年）
佐藤恵里「歌舞伎・俄研究」（新典社、２００２年）
俄研究（にわか学会編集委員会、２００４年）
安田宗生「熊本の俄とつくり物　明治・大正期新聞記事」（龍田民俗学会、２００９年）
松岡薫「俄を演じる人々―娯楽と即興の民俗芸能―」（森話社、２０２１年）
米村共司「熊本芸能界物語」（日本談義社、１９７６年）
豊福一喜「熊本名匠伝」（金龍堂書店、１９６１年）
本田秀人「近世都市熊本の社会」（熊本出版文化会館、２０１０年）
吉村豊雄「幕末武家の時代相　熊本藩郡代中村恕斎日録抄」（清文堂、２００７年）
川尻町役場「肥後川尻町史」（青潮社、１９８０年）
ばってん荒川「ばってん荒川のあんたがた甘えちゃおらんかい」（山手書房、１９８３年）
「古今俄選」（岩波書店・新日本古典文学大系82、１９９８年）
荻田清「笑いの歌舞伎史」（朝日新聞社、２００４年）
三田純市「上方喜劇　鶴屋団十郎から藤山寛美まで」（白水社、１９９３年）
井上精三「博多にわか読本」（葦書房、１９８７年）
内川秀治「役者バカだよ人生は　博多淡海物語」（創思社出版、１９８４年）
福岡博「筑紫美主子・佐賀にわか」（ふるさと社、１９７６年）
森崎和江「悲しすぎて笑う　女座長筑紫美主子の半生」（文藝春秋・文春文庫、１９８８年）

熊本新聞、九州日日新聞、熊本日日新聞にわか関連記事など

松尾正一（まつお しょういち）

1955年、長崎市生まれ。島根県立松江北高、同志社大学卒。熊本日日新聞記者として政治、文化、社会部、八代支社、地方部で熊本市政や芸能、水俣病、司法などを取材。広告局、総合メディア局を経て再雇用後に嘱託編集委員としてにわか連載を担当した。趣味はテニスと音楽鑑賞。旧著に「熊日ヤング欄わ、ゆーてしもた！」（熊本日日新聞社）。

肥後にわか～笑いの来た道～

2021（令和3）年３月28日　発行

著　　者　松尾正一
発　　行　熊本日日新聞社
制作・発売　熊日出版（熊日サービス開発株式会社　出版部）
〒860-0823　熊本市中央区世安町172
TEL　096（361）3274
装　　丁　内田直家（ウチダデザインオフィス）
印　　刷　シモダ印刷株式会社

ISBN978-4-87755-618-1　C0076